UTB
FÜR WISSEN
SCHAFT

UTB 2175

W0056489

Eine Arbeitsgemeinschaft der Verlage

Wilhelm Fink Verlag München
A. Francke Verlag Tübingen und Basel
Paul Haupt Verlag Bern · Stuttgart · Wien
Hüthig Fachverlage Heidelberg
Verlag Leske + Budrich GmbH Opladen
Lucius & Lucius Verlagsgesellschaft Stuttgart
Mohr Siebeck Tübingen
Quelle & Meyer Verlag Wiebelsheim
Ernst Reinhardt Verlag München und Basel
Ferdinand Schöningh Verlag Paderborn · München · Wien · Zürich
Eugen Ulmer Verlag Stuttgart
Vandenhoeck & Ruprecht in Göttingen und Zürich
WUV Wien

Reinhold Zippelius

# Einführung
# in das Recht

3., völlig neubearbeitete Auflage

C.F. Müller
Heidelberg

2000

*Reinhold Zippelius*, geb. 1928 in Ansbach, ist em. Professor für Rechtsphilosophie und öffentliches Recht an der Universität Erlangen-Nürnberg und Mitglied der Akademie der Wissenschaften und der Literatur in Mainz.

Veröffentlichungen: Allgemeine Staatslehre (13. Aufl. 1999, Übersetzungen ins Lettische, Portugiesische und Spanische); Geschichte der Staatsideen (9. Aufl. 1994); Das Wesen des Rechts (5. Aufl. 1997; Übersetzung ins Koreanische); Rechtsphilosophie (3. Aufl. 1994); Grundbegriffe der Rechts- und Staatssoziologie (2. Aufl. 1991; Übersetzung ins Koreanische); Juristische Methodenlehre (7. Aufl. 1999); Kleine deutsche Verfassungsgeschichte (5. Aufl. 1999); Staat und Kirche, eine Geschichte von der Antike bis zur Gegenwart (1997); Deutsches Staatsrecht (30. Aufl. 1998; vormals gemeinsam mit Theodor Maunz †); Recht und Gerechtigkeit in der offenen Gesellschaft (2. Aufl. 1996).

© für die deutsche Ausgabe 2000
C. F. Müller Verlag, Hüthig GmbH, Heidelberg
Printed in Germany
Einbandgestaltung: Alfred Krugmann, Stuttgart
Satz: Claus Hölzer, Hagenbach
Druck und Verarbeitung: Druckerei Lokay, Reinheim
ISBN 3-8252-2175-X

# Vorwort

Dieses kleine Buch will in wichtige Grundfragen und Grundbegriffe des Rechts einführen. Hierbei will es dazu anregen, einzelne, oft verstreute Regelungen gemeinsamen Grundproblemen zuzuordnen, und dadurch den Blick für rechtliche Leitgedanken, für Zusammenhänge und Zusammengehöriges schärfen. Nur der Sinn für das Grundsätzliche bewahrt davor, daß man „den Wald vor lauter Bäumen nicht sieht" und sich im Gestrüpp der Rechtsnormen verliert (ein Schicksal freilich, dem etwa im heutigen Steuerrecht nur noch der Spezialist entgeht). Die ausgewählten Gesetzesstellen können zugleich als Einstieg dienen, sich in wichtige Rechtsgebiete einzulesen. Vielleicht nimmt aber auch der eine oder andere Kundige die Einführung zur Hand, um sich einige grundsätzliche Fragen und Zusammenhänge in Erinnerung zu rufen.

Soweit die zitierten Gesetze nicht in den Gesetzessammlungen „Schönfelder", „Sartorius" oder „STUD-JUR Nomos" enthalten sind, wird die Fundstelle besonders angegeben.

Die Auslegung von Gesetzen und die Ausfüllung von Gesetzeslücken, den begrifflichen Zusammenhang und die Konkurrenz von Rechtsnormen und Fragen der Gesetzesanwendung habe ich nicht in dieser „Einführung", sondern in einer eigenen Schrift („Juristische Methodenlehre") behandelt. Einiges aus der „Einführung" (insbesondere Problemdispositionen) habe ich vor Jahren in meine „Rechtsphilosophie" übernommen. Dort geht es aber um die Vertiefung des Grundsätzlichen, während in der „Einführung" die positivrechtliche Ausgestaltung des Grundsätzlichen im Vordergrund steht.

Aufrichtigen Dank für kritisch mitdenkende Schreibhilfe schulde ich wieder Frau Brigitte Schulze.

Erlangen, im März 2000                    *Reinhold Zippelius*

V

# Inhaltsverzeichnis

*Vorwort* .......................................... V

*Literaturauswahl* ................................. IX

*Abkürzungsverzeichnis* ............................ X

**Kapitel 1   Der Mensch in der Gemeinschaft** ........... 1

a) Die Angewiesenheit auf Gemeinschaft .............. 1
b) Gemeinschaft als Gefüge sinnorientierten Verhaltens .... 2
c) Verhaltenskoordination durch Normen .............. 4
d) Rechtsnormen und andere Verhaltensrichtlinien ........ 8

**Kapitel 2   Die organisierte Rechtsgemeinschaft** ........ 11

a) Die Homogenität der gegliederten Rechtsordnung ...... 11
b) Gewährleistungen der Rechtswirksamkeit ............. 15
c) Das Völkerrecht als noch unfertiges Recht ............ 20
d) Die Völkergemeinschaft auf dem Weg zur organisierten
   Rechtsgemeinschaft ............................. 21
e) Insbesondere die Europäische Union ................ 23

**Kapitel 3   Die Aufgabe des Interessenausgleichs** ....... 29

a) Interessenregelung durch staatliches Recht ............ 29
b) Autonome Interessenregelung ...................... 31

**Kapitel 4   Das Problem der richtigen Ordnung** ........ 33

a) Zur Frage des Konsenses in Gerechtigkeitsfragen ....... 33
b) Leitbegriffe der Gerechtigkeitsdiskussion ............. 37
c) Hauptzwecke der politischen Gemeinschaft ........... 40
d) Das Menschenbild im Recht ...................... 43

**Kapitel 5   Die Beteiligten (Die Person im Recht)** ....... 49

a) Die Rechtsfähigkeit ............................. 50
b) Die rechtliche Handlungsfähigkeit .................. 51
c) Die Stellvertretung .............................. 55
d) Juristische Personen ............................ 56

**Kapitel 6   Der Vertrag** . . . . . . . . . . . . . . . . . . . . . . . . . . . . . 59

a) Autonomie und Vertrauensschutz . . . . . . . . . . . . . . . . . 59
b) Vorgegebene Vertragsinhalte und Grenzen
   der Vertragsfreiheit . . . . . . . . . . . . . . . . . . . . . . . . . . . 63
c) Vertragsähnliche Rechtsbeziehungen ohne Vertrag . . . . . . 66

**Kapitel 7   Der Ausgleich von Schäden und Vorteilen** . . . . 68

a) Die Schadensverursachung . . . . . . . . . . . . . . . . . . . . . . 68
b) Widerrechtlichkeit und „Vertretenmüssen" . . . . . . . . . . . 70
c) Nachteilsausgleich im öffentlichen Recht . . . . . . . . . . . . . 73
d) Ausgleich ungerechtfertigter Vorteile . . . . . . . . . . . . . . . 74

**Kapitel 8   Das Eigentum** . . . . . . . . . . . . . . . . . . . . . . . . . . . 77

a) Begriff und Inhalt des Eigentums . . . . . . . . . . . . . . . . . . 77
b) Kritiker und Verteidiger des Eigentums . . . . . . . . . . . . . . 78
c) Fragen der Vermögensregelung . . . . . . . . . . . . . . . . . . . 80
d) Sozialbindung des Eigentums und Verantwortlichkeit
   für das Eigentum . . . . . . . . . . . . . . . . . . . . . . . . . . . . . 82

**Kapitel 9   Die Verteilung der Macht** . . . . . . . . . . . . . . . . . 85

a) Machtverteilung als umfassendes Problem . . . . . . . . . . . . 85
b) Gewaltenteilung im Staat . . . . . . . . . . . . . . . . . . . . . . . 87
c) Die Machtverteilung im Bundesstaat . . . . . . . . . . . . . . . . 91
d) Zentralisation und Dezentralisation . . . . . . . . . . . . . . . . . 94
e) Freiräume für autonome Regelungen . . . . . . . . . . . . . . . . 96

**Kapitel 10   Schranken der Macht** . . . . . . . . . . . . . . . . . . . 98

a) Prinzipien der Rechtsstaatlichkeit . . . . . . . . . . . . . . . . . . 98
b) Grundrechte . . . . . . . . . . . . . . . . . . . . . . . . . . . . . . . . 104

**Kapitel 11   Führung und Mitbestimmung** . . . . . . . . . . . . 112

a) Angewiesenheit auf Zustimmung . . . . . . . . . . . . . . . . . . 112
b) Repräsentierte und Repräsentanten . . . . . . . . . . . . . . . . . 113
c) Führung und Mitbestimmung im Betrieb . . . . . . . . . . . . . 117

**Kapitel 12   Spielregeln des Gerichtsverfahrens** ........ 121

a)  Legitimation durch Verfahren? .................... 121
b)  Die Neutralität des Richters ....................... 122
c)  Eine faire Chance für alle Beteiligten ................ 126
d)  Die Öffentlichkeit des Verfahrens .................. 127

**Kapitel 13   Die Strafe im Recht** ................... 129

a)  Strafzwecke .................................... 129
b)  Die gesetzliche Bestimmtheit der Strafe ............. 136

*Sachregister* ...................................... 139

# Literaturauswahl

*J. Baumann*, Einführung in die Rechtswissenschaft, 8. Aufl. 1989

*F. Baur, G. Walter*, Einführung in das Recht der Bundesrepublik Deutschland, 6. Aufl. 1992

*K. Engisch*, Einführung in das juristische Denken, 9. Aufl. 1997, hrsg. und bearb. von Th. Würtenberger und D. Otto

*D. Grimm* (Hrsg.), Einführung in das Recht, 2. Aufl. 1991

*N. Horn*, Einführung in die Rechtswissenschaft und Rechtsphilosophie, 1996

*G. Köbler*, Wie werde ich Jurist?, 4. Aufl. 1988

*Th. Mayer-Maly*, Rechtswissenschaft, 5. Aufl 1991

*G. Radbruch*, Einführung in die Rechtswissenschaft, 13. Aufl. 1980

*B. Rehfeld, M. Rehbinder*, Einführung in die Rechtswissenschaft, 8. Aufl. 1995

*A. Rinken*, Einführung in das juristische Studium, 3. Aufl. 1996

*H.P. Schwintowski*, Recht und Gerechtigkeit, 1996

*K. Stern, A. Heldrich*, Einführung in das deutsche Recht, 3. Aufl. 1991

*P. J. Tettinger*, Einführung in die juristische Arbeitstechnik, 2. Aufl. 1992

# Abkürzungsverzeichnis

| | |
|---|---|
| BGB | Bürgerliches Gesetzbuch |
| BGHZ | Entscheidungen des Bundesgerichtshofes in Zivilsachen, Amtl. Sammlung |
| BGHSt | Entscheidungen des Bundesgerichtshofes in Strafsachen, Amtl. Sammlung |
| BVerfGE | Entscheidungen des Bundesverfassungsgerichts, Amtl. Sammlung |
| BVerfGG | Bundesverfassungsgerichtsgesetz |
| Gesch | R. Zippelius, Geschichte der Staatsideen, 9. Aufl. 1994 |
| GG | Grundgesetz für die Bundesrepublik Deutschland |
| GVG | Gerichtsverfassungsgesetz |
| HGB | Handelsgesetzbuch |
| StGB | Strafgesetzbuch |
| StPO | Strafprozeßordnung |
| VwGO | Verwaltungsgerichtsordnung |
| VwVfG | Verwaltungsverfahrensgesetz |
| ZPO | Zivilprozeßordnung |

Kapitel 1

# Der Mensch in der Gemeinschaft

## a) Die Angewiesenheit auf Gemeinschaft

Wir sind unserer Natur nach auf Gemeinschaft angelegt und gelangen nur durch sie zur vollen Entfaltung unserer Anlagen. Einem organisierten und komplizierten Zusammenwirken mit anderen verdanken wir es, daß wir unser Leben nicht unbehaust damit verbringen, nach Früchten zu suchen und nach Wurzeln zu graben, sondern nach unserer Mode gekleidet, in Häusern gegen die Unbill des Wetters geschützt, mit einem reichen Angebot an Nahrung versorgt, uns mannigfachen Tätigkeiten und Interessen widmen und uns vielfältig entfalten können. Dem Angelegtsein auf Gemeinschaft entspricht auch unser Trieb zur Gesellung, das Verständigungsmittel der Sprache und unser Sinn für Gerechtes und Ungerechtes. Kurz, wir bedürfen der Gemeinschaft, um die Fähigkeiten, die in uns angelegt sind, zu voller und geordneter Entfaltung zu bringen, wie das dem Zweck unseres Daseins entspricht. So ähnlich hat bereits *Aristoteles* das Bild des Menschen gezeichnet (Gesch Kap. 3a).

Den Gedanken, daß wir auf die Gemeinschaft angewiesen sind und nur durch sie zur Entfaltung gelangen, hat man immer wieder aufgegriffen. *Thomas von Aquin* hat den Menschen als schlecht angepaßtes Lebewesen beschrieben, das weder durch ein Fell gegen Kälte geschützt, noch durch ein starkes Gebiß, durch Hörner oder Krallen zur Verteidigung gerüstet sei und nicht einmal aus natürlichem Sinn heilsame von schädlichen Pflanzen zuverlässig unterscheiden könne. Daher müßten wir die Mängel unserer physischen Ausstattung und unseres Instinktes durch die Vorteile ausgleichen, die uns die Gemeinschaft bietet: zum einen dadurch, daß sie Arbeitsteilung ermöglicht, zum andern in der Weise, daß wir Fertigkeiten verwerten können, die andere entwickelt haben, und Erfahrungen und Einsichten übernehmen können, die von anderen gesammelt wurden (Gesch Kap. 7b); so muß nicht jeder selbst die Erfahrung machen, daß Tollkirschen giftig sind. Noch die heutige katholische Soziallehre bekennt sich dazu, daß es dem Menschen angeboren sei, in einer häuslichen und bürgerlichen Gesellschaft zu leben, da ihm nur dort die notwendige Kultivierung des Lebens und die volle Ausbildung des Geistes und Gemütes erreichbar sei.[1] Auch *Marx* und *Engels* gehen davon aus, daß der Mensch, wenn nicht des Staates, so doch der Gemeinschaft bedürfe, um „seine Anlagen nach allen Seiten hin auszubilden; erst in der Gemeinschaft wird also die persönliche Freiheit möglich"; diese werde, so glaubte man, in einer kommunistischen Gesellschaft zu einer weiten Entfaltungsmöglichkeit, „heute dies, morgen jenes zu tun, morgens zu jagen, nachmittags zu fischen, abends Viehzucht zu treiben, nach dem Essen zu kritisieren, wie ich gerade Lust habe; ohne je Jäger, Fischer, Hirt oder Kritiker zu werden".[2]

## b) Gemeinschaft als Gefüge sinnorientierten Verhaltens

Eine Gemeinschaft bildet sich, indem man miteinander arbeitet, argumentiert, Geschäfte treibt, Riten pflegt oder sich miteinander vergnügt. Eine Gemeinschaft existiert also dort, wo sich das Handeln einer Mehrzahl von Menschen in bestimmten Beziehungsformen aufeinander einstellt. Kurz, sie bildet sich als geordnetes Gefüge des Miteinanderhandelns. Wie kommt solche **Koordination des Handelns** zustande?

Eine Schlüsselrolle für die Bildung und Struktur von Gemeinschaften spielt die Sinnorientiertheit des menschlichen Verhaltens: Anders als in einem Bienenstock ist in der menschlichen Gemeinschaft nicht schon durch „Instinkte" (d.h. durch angeborene Verhaltensmuster) gewährleistet, daß die Individuen ihr Verhalten verläßlich in gemeinverträglicher Weise koordinieren. Deshalb bedarf es einer Ergänzung der ererbten Verhaltensdispositionen durch künstliche Verhaltensmuster: etwa durch eine bestimmte Familienordnung, durch Formen der Zusammenarbeit, z.B. bei der Jagd oder der Feldbestellung, oder durch Rituale, in all diesen Fällen also **durch normative Verhaltensordnungen** für die verschiedenen Lebensbereiche, oder, wie *Arnold Gehlen* sagte, durch **„Institutionen"** (Gesch

---

1 Enzyklika Quadragesimo anno, 1931, Nr. 79.
2 Deutsche Ideologie, I. Feuerbach, in: *K. Marx/F. Engels*, Werke, 3, 33, 74.

Kap. 19c). Nicht zuletzt durch sie unterscheidet sich der Mensch als „Kulturwesen" von instinktgesteuerten Insekten„staaten". Kurz, es bedarf bestimmter Institutionen und insbesondere rechtlicher Normen, um Orientierungsgewißheit zu schaffen.

Auch in anderen Hinsichten bedürfen wir einer **Sinnorientierung**, um uns in einer komplizierten Welt zurechtzufinden. So versuchen wir, uns diese mit Hilfe bestimmter Vorstellungsschemata übersichtlich, faßlich, „begreiflich" zu machen, um uns mit unserem Verhalten auf die so begriffene Welt einzurichten. Zu diesem Zweck bilden wir uns Hypothesen über begrenzte Naturvorgänge und formulieren sie als Naturgesetze, auf die wir uns einstellen und deren wir uns in unseren Techniken bedienen.

Um unsere Welt in Gedanken faßlich zu machen, bilden wir uns auch umgreifende **„Weltanschauungen"**, in denen auch die sozialen Institutionen ihren Platz und ihren „Sinn" finden (Kap. 4d). Die historisch wichtigste Ausprägung solcher Weltanschauungen sind die Religionen, deren soziale Funktion *Emile Durkheim* geradezu darin erblickte, eine umfassende Weltorientierung zu liefern (Gesch Kap. 18d).

Solche „Weltanschauungen" dienen nicht nur dazu, die Welt zu begreifen, sondern leiten auch das Handeln. Es war eine Hauptthese der **„verstehenden Soziologie"** *Max Webers*, daß Leitbilder und Sollensvorstellungen eine „kausale Bedeutung für die Art des Ablaufs des Handelns der realen Menschen" gewinnen; daß insbesondere auch religiöse Vorstellungen das gesellschaftliche Handeln mitbestimmen und hierdurch die Sozialstrukturen und die ökonomische Entwicklung beeinflussen (Gesch Kap. 18c). So konnte z.B. die protestantische Ethik – die Pflicht zu christlicher Selbstzucht, Rechtschaffenheit und Arbeitsamkeit und das Streben nach Erfolg, in welchem man eine Bestätigung der eigenen Gottwohlgefälligkeit suchte – die Entwicklung des strengen Kaufmannsgeistes und damit des modernen Kapitalismus begünstigen. Andererseits wurde und wird in Indien die Umstellung der Gesellschaftsstrukturen auf die Bedingungen des industriellen Zeitalters durch Kastenvorstellungen verzögert. Der ganze gesellschaftliche und politische Prozeß läuft oder lief unter dem Leitbild der hinduistischen Lebensordnung anders ab als unter dem Leitbild der diesseitsorientierten, pluralistischen Konkurrenzgesellschaft, und unter dem Leitbild der pluralistischen, liberalen Demokratie anders als unter dem marxistischen Leitbild eines gesetzmäßigen Geschehens, das sich vermeintlich nach den Prinzipien des historischen Materialismus vollzieht.

Kommen wir auf das Grundsätzliche zurück: Weil wir nicht schon durch ein „genetisches Programm" in unserem Verhalten eindeutig gesteuert werden, sind wir darauf angewiesen, **durch Verhaltensnormen** und handlungsleitende Ideen **Orientierungsgewißheit** zu erhalten, zumal in der komplexen, modernen Zivilisation, die wir uns selbst geschaffen haben.

Die normativen Verhaltensmuster sind aber variabel. Einerseits gestatten sie es, die Sozialgefüge dem Wandel der Lebensbedingungen anzupassen, und können auch dazu dienen, in den Spielräumen, welche die Naturgegebenheiten lassen, die sozialen Verhältnisse nach bestimmten Zwecken, die man sich setzt, zu gestalten. Andererseits können die institutionellen und weltanschaulichen Orientierungen ins Wanken geraten. Und gerade dann zeigt sich unsere Angewiesenheit auf sie: Wenn die Selbstverständlichkeit der überkommenen Religion schwindet, wenn die ethischen Maßstäbe fragwürdig werden, wenn die Sicherheit der rechtlichen Orientierung verlorengeht, und sei es auch nur durch die Unübersichtlichkeit und den allzu raschen Wandel des Rechts, dann führt das zu **Verunsicherung**, oft auch zu Reizbarkeit und Aggressivität. Kurz, es kommt zu einer Freisetzung des „Chaotischen im Menschen", wenn durch den Verlust verläßlicher Orientierungen die „Verarbeitungskapazität" des Einzelnen überfordert wird.

### c) Verhaltenskoordination durch Normen

Eine Gemeinschaft unter Menschen bildet sich also nicht durch Naturgesetze allein, auch nicht durch bloß psychische Mechanismen, sondern dadurch, daß die Einzelnen ihr Handeln nach normativen Verhaltensrichtlinien aufeinander einstellen, auf dem Gemüsemarkt etwa nach den Regeln: Wer etwas kauft, hat den dafür vereinbarten Preis zu zahlen, wer verkauft, hat die gekaufte Sache zu übergeben und zu übereignen (§ 433 BGB). Eine verdorbene Ware ist gegen Erstattung des Kaufpreises zurückzunehmen (§§ 459, 462, 465,

467, 346 BGB). Mieter und Vermieter stimmen ihr Verhalten nach den Regeln des Mietrechts aufeinander ab: Der Vermieter hat dem Mieter den Gebrauch der vermieteten Sache in gebrauchsfähigem Zustand zu gewähren und sie in diesem Zustand zu erhalten. Der Mieter hat die vereinbarte Miete zu zahlen (§§ 535, 536 BGB). Die rechtlichen Bestimmungen des Vereinsrechts (§§ 21 ff. BGB) und der hierauf gegründeten Vereinssatzung (§ 25 BGB) bilden den festen Kern jener Verhaltensregeln, nach denen die Mitglieder eines Vereins zusammenwirken. Alle diese **Regeln** sind mitteilbare Vorstellungsinhalte. Als solche sind sie von den (stets höchstpersönlichen) psychischen Vorgängen unterscheidbar, in denen sie dem Einzelnen „zum Bewußtsein kommen". Sie können den Bewußtseinsakten – in denen sie für den Einzelnen „aktuell" werden – gegenübergestellt werden und sind in diesem Sinne **„objektiv"**.

Normen, die das Handeln leiten, beschreiben nicht Sachverhalte, sondern schreiben ein Verhalten vor, enthalten nicht „deskriptive", sondern **„präskriptive"** Aussagen. Sie gehören also nicht in den Bereich der Theorie, sondern in den der Praxis – eine Unterscheidung, die schon der Antike geläufig war.[3] Selbstverständlich ist aber die Praxis nicht ohne jeden Bezug zur Theorie; denn der Ordnung des Handelns liegen regelmäßig auch Einsichten in die Beschaffenheit der Welt und des Menschen zugrunde.

Andererseits ist es aber der Sinn der Verhaltensgebote, etwas zu fordern, das nicht schon nach Naturgesetzen notwendig geschieht: Ein Sollen, das nicht als Naturgegebenheit, sondern als bloßer Sinngehalt vorhanden ist, und ein Wille, der es verwirklicht, können sinnvoll nur dort „einsetzen, wo die Bedingungsketten noch unvollständig sind".[4] Das heißt: Jeder, der durch Rechtsnormen etwas bewegen will, setzt stillschweigend voraus, daß unser Handeln nicht schon kausalgesetzlich vollständig determiniert ist.

Halten wir also fest: Eine Gemeinschaft bildet sich durch eine Ordnung menschlichen Verhaltens, das durch Handlungsvorschriften geregelt werden kann. Auch das Recht läuft letztlich immer darauf

---

3 *Platon*, Der Staatsmann, 258 E; *Aristoteles*, Metaphysik, 1025 b; *Diogenes Laertius*, III, 84.
4 *N. Hartmann*, Möglichkeit und Wirklichkeit, 1938, Kap. 33d.

hinaus, ein bestimmtes Verhalten zu gebieten oder zu verbieten – auch wenn man es nicht immer auf den ersten Blick sieht: Man soll die verkaufte Sache dem Käufer übereignen, das empfangene Darlehen zurückzahlen, nicht über fremde Gartenzäune steigen, kein fremdes Gemüse ernten, im Straßenverkehr rechts ausweichen und bei Glatteis Sand auf den Bürgersteig streuen. Selbst die Rechtsvorschriften über das Eigentum beschreiben nicht Tatsachen, etwa ein faktisches Machtverhältnis über eine Sache; sondern sie sind Teilstücke einer **Verhaltensregelung**. Der normative Gehalt des Eigentums besteht darin, daß es den Rechtsgenossen verboten ist, eine bestimmte Sache (die einem anderen gehört) wegzunehmen, zu zerstören oder zu beschädigen (Kap. 8a). Auch die Übereignung einer Sache (oder eine sonstige dingliche Verfügung über das Eigentum) läuft letztlich auf eine Modifizierung der Verhaltensordnung hinaus: Die genannten Pflichten, die Sachherrschaft eines anderen zu respektieren, bestehen nach der Übereignung nicht mehr dem bisherigen, sondern dem neuen Eigentümer gegenüber; kurz, die Übereignung bringt Veränderungen in dem Pflichtengefüge zustande, das den normativen Gehalt des Eigentums bildet.

Das Recht – als ein System normativer Verhaltenssteuerung – muß außer den eigentlichen Verhaltensvorschriften auch Bestimmungen über **Regelungsbefugnisse** (Ermächtigungen, „Kompetenzen") und **Regelungsverfahren** enthalten: darüber nämlich, wer (allgemeine oder individuelle) Verhaltenspflichten begründen kann und welches Verfahren hierzu einzuhalten ist. Beispiele bieten die Verfassungsbestimmungen über die Gesetzgebungszuständigkeit und das Gesetzgebungsverfahren (Art. 70 ff. GG) und über das Recht, Rechtsverordnungen zu erlassen (Art. 80 GG). Zur Begründung konkreter Pflichten ermächtigt etwa die Straßenverkehrsordnung (§ 36), wenn sie dem Verkehrspolizisten die Befugnis erteilt, den Straßenverkehr zu regeln. Selbst die bürgerlich-rechtlichen Bestimmungen darüber, daß jeder Geschäftsfähige durch Vertrag schuldrechtliche Pflichten begründen kann (§§ 104 ff., 305 BGB), verleihen eine Regelungsbefugnis, nämlich dazu, persönliche Rechte und Pflichten rechtsverbindlich zu begründen (vgl. Kap. 2a).

Wie das letzte Beispiel zeigt, gibt es auch gesetzliche Bestimmungen, die ihre Rechtserheblichkeit erst dadurch gewinnen, daß sie pflichtenbegründende Normen oder Ermächtigungen präzisieren oder auf andere Weise ergänzen. So bestimmen die §§ 104 ff. BGB Näheres darüber, wer rechtserhebliche Erklärungen abgeben, also z.B. durch Vertrag eine schuldrechtliche Pflicht begründen kann, und die Definition der Fahrlässigkeit (§ 276 Abs. 1 Satz 2 BGB) präzisiert unter anderem die Voraussetzungen einer Schadensersatzpflicht aus § 823 BGB.

Verhaltensnormen konstituieren eine Gemeinschaft nur dann, wenn sich das Verhalten auch tatsächlich nach ihnen richtet. Die Rechtsnormen, die einst zur Zeit Kaiser Justinians das Handeln bestimmten, sind zwar bis heute überliefert und ihrem Sinn nach in Gedanken nachvollziehbar. Aber sie sind nicht mehr **wirksames Recht**, das heißt, sie bewirken nicht mehr das durch sie vorgeschriebene Verhalten; die Menschen richten ihr Verhalten nicht mehr nach ihnen, sondern nach anderen Rechtsnormen; sie sind nicht mehr als aktuelle (d.h. durch subjektive Akte vollzogene) Verhaltensordnung wirksam. Wirksames Recht ist somit nicht als rein normativer Sinngehalt zu begreifen; sondern es hat in seiner „Aktualität", in der Tatsache also, daß es wirklich befolgt und vollzogen wird, auch eine faktische Komponente. Als lebendiges Recht ist es **„law in action"**.[5]

Bei dieser Verwirklichung erfahren die generellen Normen des Rechts zugleich eine **inhaltliche Konkretisierung**. So wählt z.B. der Richter bei der Anwendung eines Gesetzes unter den verschiedenen Auslegungsmöglichkeiten, die im Bedeutungsspielraum der Gesetzesworte liegen, eine bestimmte aus. Dabei wird er sich in der Regel von den je herrschenden, einem Wandel unterworfenen Gerechtigkeitsvorstellungen der Rechtsgemeinschaft leiten lassen und auf diese Weise das Recht zu seiner konkreten Gestalt ausformen und fortbilden.

---

5  *R. Pound*, Law in Books and Law in Action, Amerikan Law Review 44 (1910), 12 ff.

## d) Rechtsnormen und andere Verhaltensrichtlinien

Man wirkt nicht nur nach rechtlichen Regeln zusammen, sondern z.B. in einem Fußballverein vor allem auch nach den Regeln, die für das Fußballspiel gelten. Auch überkommene Leitbilder der Sitte, etwa darüber, wie hierzulande Familienfeste, Einladungen oder Bestattungen abzulaufen pflegen, dienen als Handlungsmuster, nach denen man sein Verhalten richtet: Man hat in dieser Situation zu gratulieren, dort einen Blumenstrauß mitzubringen und in jener Situation einen Kondolenzbesuch zu machen und einen Kranz zu besorgen.

All diese Handlungen sind nicht rechtlich geboten. Die Rechtsnormen bilden nur einen Teil jener Verhaltensnormen, die das Zusammenwirken regeln. Dieses wird weitgehend von anderen Verhaltensrichtlinien bestimmt: von Normen der **Sitte** und der **Sozialmoral** oder auch einfach von bestimmten **Spielregeln**. Im Alltag sehr enger Lebensbeziehungen, etwa in der Familie oder in den Beziehungen einer Freundschaft oder guter Nachbarschaft, tritt das Rechtliche gegenüber nichtrechtlichen Verhaltensregeln – den Anstandsgeboten, den Pflichten zu wechselseitiger Rücksichtnahme und zu gegenseitiger Hilfe – zurück. Selbst im Geschäftsleben regelt sich manches etwa nach kaufmännischer **Kulanz**, die man als Gebot der Klugheit oder des Anstandes ansehen mag, die aber jedenfalls nicht zu den Rechtsnormen zählt.

Das gute Funktionieren sozialer Institutionen hängt in hohem Maße auch von solchen außerrechtlichen Sozialnormen ab. So ist z.B. das Funktionieren einer Familie durchaus nicht nur durch die Normen des Familienrechts allein gewährleistet. Gleiches gilt für das staatliche Leben. Es ist eine Binsenwahrheit, daß man unter einer Verfassung, in der vieles über rechts- und sozialstaatliche Grundsätze geschrieben steht, in einem schlechten Staat und unter einer spärlichen, vielleicht ungeschriebenen Verfassung in einem guten Staat leben kann, je nach dem Maße der von Politikern und Bürgern praktizierten Selbstdisziplin, Fairneß und Toleranz. Insbesondere lassen die verfassungsrechtlichen Normen den Repräsentanten einen großen Spielraum für verständiges und törichtes, anständiges und unanständiges politisches Verhalten. Wie sich im bürgerlichen Leben neben den Normen des Rechts als zusätzliches Regulativ Normen der Sozialmoral, der Verkehrs- und Handelssitte herausbilden, so entwickeln sich im Verfassungsleben neben dem geschriebenen Recht **politische Stilformen**, z.B. Regeln der Fairneß, die gegenüber politischen Gegnern einzuhalten sind. Nicht zuletzt von der Fähigkeit und Bereitschaft, solche Stilformen zu entwickeln und zu beachten, hängt auch das Funktionieren des politischen Systems ab.

Garantiertes **Recht unterscheidet sich** von außerrechtlichen Sozialnormen vor allem **durch die Technik seiner Durchsetzung**. Die Befolgung außerrechtlicher Normen wird nur durch gesellschaftlichen Druck erzwungen, die Befolgung von Rechtsnormen hingegen (auch) durch rechtlich organisierte Durchsetzungsverfahren. Wer z.B. sein Darlehen nicht zurückzahlt, kann vor Gericht auf Rückzahlung verklagt werden, mit der sicheren Aussicht, daß der Richter den säumigen Schuldner zur Zahlung verurteilt und nötigenfalls der Gerichtsvollzieher das Urteil vollstreckt. Wer im Straßenverkehr falsch fährt, kann angezeigt werden und wird dann wegen seines verbotswidrigen Verhaltens vom Gericht bestraft. Kurz, es besteht eine sichere Chance (d.h. ein hoher Grad von Wahrscheinlichkeit), daß die Befolgung der Rechtsnormen (genauer: der Normen des garantierten Rechts) in einem rechtlich organisierten Verfahren durch eigens dafür bestehende Institutionen erzwungen oder daß ihre Nichtbefolgung bestraft wird.

Auch nichtrechtliche Verhaltensnormen haben Sanktionen. Diese verwirklichen sich aber nicht in einem rechtlich geregelten Verfahren, sondern in anderer Weise. Jemand, der Normen des Anstandes oder der Moral verletzt, riskiert es, gesellschaftlich, mitunter auch geschäftlich isoliert zu werden. Wer etwa einen unverschuldet in Not geratenen, nicht unterhaltsberechtigten nahen Verwandten schäbig behandelt, läuft Gefahr, „geschnitten" zu werden. Wer sich bei geselligen Zusammenkünften schlecht benimmt, wird nicht mehr eingeladen. Unseriöses, wenngleich nicht rechtswidriges Geschäftsgebaren vergrämt Kunden und andere Geschäftspartner. Die gesellschaftlichen Sanktionen bestehen also oft in einer faktischen Einbuße an Kontaktmöglichkeiten und an beruflichen und geschäftlichen Chancen, die den Einzelnen unter Umständen härter treffen kann als eine rechtliche Sanktion.

Das Recht hat den reibungslosen Ablauf sozialer Lebensvorgänge und staatlichen Funktionierens dort zu gewährleisten, wo er durch andere Sozialnormen nicht hinreichend gesichert ist. Unter diesem Aspekt gehören etwa Prozeßordnungen, weite Bereiche der Wirtschaftsordnung und des Arbeitslebens, das Finanzwesen und der Umweltschutz ebenso zu den **regelungsbedürftigen Materien** wie die von *Georg Jellinek* so genannte Gewährleistung eines „ethischen Minimums". Es ist für Gesetzgeber und Richter nicht immer leicht, verständig eine Grenze zu ziehen zwischen solchen Pflichten, die als bloße Gebote der Sitte oder der Sittlichkeit bestehen bleiben sollen, und Pflichten, die mit rechtlichen Sanktionen zu versehen sind. So bestehen z.B. nach der Sozialmoral mannigfaltige Hilfspflichten unter nahen Verwandten, und der Gesetzgeber mußte sich entscheiden, welche er zu Rechtspflichten erheben wollte; so hat er eine Unterhaltspflicht nur unter solchen Verwandten geschaffen, die in gerader Linie miteinander verwandt sind, während er etwa die Pflicht, in Not geratenen Geschwistern beizustehen, als bloße Pflicht der Sitte und Moral bestehen ließ. Für den Strafrichter ergibt sich ein Abgrenzungsproblem z.B. bei den „unechten Unterlassungsdelikten": Hat jemand eine nicht nur sittliche, sondern auch rechtliche Pflicht, eine Lebensgefahr oder einen anderen tatbestandlichen „Erfolg" von einem anderen abzuwenden, und wendet er den Schaden nicht ab, dann wird er ebenso bestraft, wie wenn er diesen durch positives Handeln herbeigeführt hätte. Hier kann die schwierige Frage entstehen, welche Abwendungspflichten (etwa unter Ehegatten oder nahen Verwandten) bloß moralische Pflichten und welche von ihnen Rechtspflichten sind, die unter der gleichen Strafsanktion stehen wie strafbares Tun.

Kapitel 2

# Die organisierte Rechtsgemeinschaft

Eine geordnete Gemeinschaft setzt voraus, daß die verhaltensregelnden Normen einander nicht widersprechen und aufeinander abgestimmt sind. Sie müssen sich darüber hinaus zu einer funktionsfähigen Gemeinschaftsordnung zusammenfügen. Bezeichnet man den geordneten Zusammenhang einzelner Elemente als System, so soll das Recht also ein System von Verhaltensregeln bilden – was selbstverständlich nicht auch heißt, daß alle Rechtsnormen auf rein logische Weise aus einer oder wenigen Prämissen ableitbar wären.

Um die ordnung- und friedenstiftende Funktion zu erfüllen, die wir vom Recht erwarten, ist aber nicht nur eine „Harmonisierung" der verschiedenen Verhaltensregeln nötig; sondern es muß auch die Gewähr bestehen, daß die Rechtsgenossen sich wirklich nach ihnen richten. Die rechtliche Verhaltensordnung muß daher auch wirksam („effektiv") sein.

Das Recht soll also eine homogene und effektive Normenordnung sein. Im Interesse der Homogenität müssen die Regelungsbefugnisse, muß also die Verfügung über die normativen Steuerungsinstrumente insoweit zentralisiert und arbeitsteilig geordnet sein, daß Widersprüche zwischen den Verhaltensnormen vermieden werden und die einzelnen Normen sich zu einer funktionsfähigen Gemeinschaftsordnung zusammenfügen. Um die Effizienz der Verhaltensregeln zu garantieren, müssen diese in einem geordneten Verfahren durchsetzbar sein.

### a) Die Homogenität der gegliederten Rechtsordnung

Damit sich die rechtlichen Regelungen widerspruchsfrei zu einer funktionsfähigen Gemeinschaftsordnung zusammenfügen, ist es nicht nötig, daß sie alle von der gleichen Instanz erlassen werden. Solch rigoroser Zentalismus wäre wegen der unüberschaubaren Vielfalt der zu regelnden Lebensverhältnisse schon praktisch nicht durchführbar.

Zudem sollte in einer politischen Gemeinschaft der persönlichen und körperschaftlichen Entfaltung und Gestaltung Raum gegeben, das heißt so viel Autonomie wie möglich verwirklicht werden (Kap. 3b). Das bedeutet **Privatautonomie** für die Einzelnen und **Selbstverwaltungsrechte** für Gemeinden, Landkreise, Universitäten, Handwerkskammern, Industrie- und Handelskammern und andere Körperschaften. Übergeordnete Gemeinschaften sollten nur solche Aufgaben wahrnehmen, die nachgeordnete, kleinere Gemeinschaften oder die Einzelnen nicht ebenso gut oder besser erfüllen können (**„Subsidiaritätsprinzip"**). Diesen Forderungen nach weitgehender Selbstgestaltung entspricht das Bonner Grundgesetz: Es gewährleistet mit der freien Entfaltung der Persönlichkeit (Art. 2 Abs. 1 GG) auch die Privatautonomie, die in ihrem Wesensgehalt nicht angetastet werden darf (Art. 19 Abs. 2 GG); den Gemeinden und anderen kommunalen Gebietskörperschaften ist das Recht zur selbständigen Regelung und Verwaltung der Angelegenheiten des örtlichen Wirkungskreises garantiert (Art. 28 Abs. 2 GG); auch den Religionsgesellschaften ist eigens das Recht gewährleistet, ihre Angelegenheiten selbständig zu ordnen und zu verwalten (Art. 140 GG und 137 Abs. 3 der Weimarer Reichsverfassung).

Ferner verlangt ein Strukturgesetz der Demokratisierung nach einer **gegliederten Demokratie**: Wo einer übergeordneten Gemeinschaft demokratische Kompetenzen für Mehrheitsentscheidungen zuwachsen, können nachgeordnete Gemeinschaften majorisiert werden, schwindet also in gleichem Maße deren demokratisches Selbstbestimmungsrecht. Dieses Strukturgesetz gilt im Verhältnis zwischen den Selbstverwaltungskörperschaften und dem Staat, im Bundesstaat zwischen den Gliedstaaten und den Zentralorganen des Bundes und in jedem Staatenverbund zwischen den einzelnen Staaten und den Gemeinschaftsorganen – was mitzubedenken ist, wenn man weitgehende Kompetenzen für das Europäische Parlament fordert (e).

Eine Aufgliederung der Regelungsbefugnisse dient auch der **Gewaltenteilung** und Gewaltenkontrolle (Kap. 9b) und verhindert die Bildung einer übermächtigen Zentralgewalt. Auch aus diesem Grund wird man eine politische Ordnung anstreben, in der eine

Vielzahl von Institutionen daran beteiligt ist, in „Arbeitsteilung" die verbindlichen Rechtsnormen und Entscheidungen zu erlassen.

Werden aus all diesen Gründen die **Regelungsbefugnisse** aufgegliedert, dann müssen sie aber **aufeinander abgestimmt** sein: damit widersprechende Normen und Entscheidungen vermieden werden und die verschiedenen Regelungsfunktionen sich gegenseitig ergänzen und miteinander koordiniert bleiben.

So sind im gewaltenteiligen Staat die Funktionen der Gesetzgebung, der Verwaltung und der Rechtsprechung auf verschiedene Staatsorgane verteilt. Diese Funktionenteilung trennt den Erlaß allgemeiner Normen einerseits und die Entscheidung konkreter Fälle andererseits. Das widerspruchsfreie Ineinandergreifen dieser Funktionen ist dadurch gewährleistet, daß die vollziehende Gewalt und die Rechtsprechung an die Gesetze gebunden sind (Art. 20 Abs. 2 und 3 GG). Insbesondere ergänzen sich der Erlaß von Gesetzen und deren Vollzug: als programmierende und programmierte Entscheidungen.

Soweit verschiedene Instanzen Rechtsnormen erlassen können, muß Widersprüchen im Recht vorgebeugt werden. Die **Einheit des Rechts** wird durch einen „Stufenbau der Normenordnung" gewährleistet, der zuvörderst ein **Stufenbau der Kompetenzen** ist: Niederrangige Normen bedürfen zu ihrer Gültigkeit einer höherrangigen Ermächtigungsgrundlage: Gesetze werden von dem in der Verfassung bestimmten Organ und in dem von der Verfassung geregelten Verfahren erlassen. Rechtsverordnungen (allgemeinverbindliche, von Behörden der Exekutive erlassene Rechtsvorschriften) ergehen auf Grund von Gesetzen und in der gesetzlich vorgesehenen Weise, Rechtsverordnungen der Bundesregierung z.B. auf Grund eines Bundesgesetzes. Durch das Gesetz ist hierbei auch schon der Inhalt von Rechtsverordnungen in den Grundzügen vorgezeichnet: Inhalt, Zweck und Ausmaß der Ermächtigung sind im Gesetz zu bestimmen (Art. 80 Abs. 1 Satz 2 GG). – Auch autonome Satzungen (Rechtsvorschriften selbständiger Körperschaften, Anstalten und Stiftungen zur Regelung von Selbstverwaltungsangelegenheiten) bedürfen einer Ermächtigungsgrundlage. So werden Gemeindesatzungen z.B. auf Grund einer Gemeindeordnung, also eines Gesetzes, erlassen. Bei solchen autonomen Satzungen fehlt es an einer

engen Vorgabe des Regelungsinhalts, um den Selbstverwaltungskörperschaften Spielraum zu lassen, ihre eigenen Angelegenheiten
zu regeln (dazu BVerfGE 33, 156 ff.).

Auch **konkrete Pflichten** können innerhalb einer staatlichen
Rechtsordnung (also mit staatlicher Rechtsgewährleistung) nur auf
Grund einer rechtlichen Ermächtigung begründet oder modifiziert
werden: Insbesondere können pflichtenbegründende Verwaltungsakte (z.B. Gebote des Verkehrspolizisten zu einem bestimmten
Fahrverhalten) nur auf Grund einer Rechtsnorm ergehen **(Vorbehalt des Gesetzes)**. Darin liegt eine wichtige kooperative Verknüp-
fung zwischen dem Erlaß genereller Normen (Gesetzgebungsfunk-
tion) und deren konkretisierendem Vollzug (Verwaltungsfunktion).
Auch Akte der **Privatautonomie** (der Selbstregelung privater
Rechtsbeziehungen) bedürfen einer rechtlichen Ermächtigung. So
ergibt sich etwa aus § 305 BGB, daß die Einzelnen ein Schuldver-
hältnis, also bestimmte individuelle Rechte und Pflichten, durch
Vertrag begründen können.

Diese gesamte **Rangordnung von Ermächtigungen** dient also in
abgestufter Weise einer **Steuerung der Selbststeuerung**.

Der Rangordnung der Kompetenzen korrespondiert eine **Rangordnung der Vorschriften**, die auf Grund dieser Kompetenzen erlassen werden: Eine Norm, die höherrangigem Recht (das auf höherer
Kompetenzebene erlassen wurde) widerspricht, ist ungültig. Ungültig ist also ein der Verfassung widersprechendes Gesetz und eine
dem Gesetz oder der Verfassung widersprechende Rechtsverord-
nung oder Satzung. Für das Verhältnis zwischen Bund und Ländern
gilt kraft der Verfassung: Bundesrecht bricht Landesrecht (Art. 31
GG). Die Begründung individueller Rechtspflichten durch Einzel-
akt darf keiner Rechtsnorm widersprechen: Für Verwaltungsakte
gilt in dieser Weise der **„Vorrang des Gesetzes"**. Und auch privatrechtliche Rechtsgeschäfte dürfen zu keinem „Gesetz", d.h. zu keiner Rechtsnorm in Widerspruch stehen (§ 134 BGB, Art. 2 des Einführungsgesetzes zum BGB).

Die Funktionen der Verwaltung und der Rechtsprechung sind ihrerseits durch Zuständigkeitsordnungen arbeitsteilig gegliedert und
zugleich koordiniert:

Die **Verwaltung** ist **hierarchisch aufgebaut**: Die übergeordneten Behörden üben die Aufsicht über die Rechtmäßigkeit und Zweckmäßigkeit des Handelns der nachgeordneten Behörden. Sie können deren Ermessensentscheidungen steuern; das geschieht für den Einzelfall durch „Weisungen" und generell durch „allgemeine Verwaltungsvorschriften". Durch Rechtsmittel gegen die Entscheidung einer nachgeordneten Behörde kann die Entscheidungsbefugnis auf die nächsthöhere Behörde überwälzt werden (Devolutiveffekt von Rechtsmitteln).

Die **Gerichtsbarkeit** ist innerhalb der verschiedenen Gerichtszweige **in Instanzen gegliedert**. Durch Rechtsmittel kann ein Rechtsstreit vor die höheren Instanzen gebracht werden, welche die Entscheidung des nachgeordneten Gerichts überprüfen. Dies tun sie im Berufungsverfahren in tatsächlicher und rechtlicher Hinsicht, im Revisionverfahren nur in rechtlicher Hinsicht (z.B. §§ 318, 328 Abs. 1, 337 StPO). Die obersten Gerichtshöfe (Art. 95 Abs. 1 GG) – wenn erforderlich auch ein aus diesen gebildeter Gemeinsamer Senat (Art. 95 Abs. 3 GG) – haben insbesondere auch die Aufgabe, für eine einheitliche Auslegung und Fortbildung des Rechts zu sorgen.

**b) Gewährleistungen der Rechtswirksamkeit**

Rechtsnormen erfüllen nur dann ihre Ordnungsfunktion, wenn sichergestellt ist, daß sie befolgt werden. Eine nur unzulängliche Durchsetzungsgarantie gibt die **Selbsthilfe**, d.h. die zwangsweise Durchsetzung des Rechts durch den, dem gegenüber das Recht gebrochen wurde. Auf solche Weise versucht man in noch unentwickelten Rechtsordnungen durch Faustrecht und Fehde die eigenen Interessen gegen den Rechtsbrecher durchzusetzen. Auf dieser primitiven Entwicklungsstufe befindet sich bisher weitgehend das Völkerrecht, in dem herkömmlicherweise der Krieg die ultima ratio der Rechtsdurchsetzung ist – trotz des Gewaltverbotes der UN-Charta (Art. 2 Nr. 4) und trotz tastender Versuche der Völkergemeinschaft, dieses Gewaltverbot durchzusetzen. Die Rechtsverwirklichung durch Selbsthilfe leidet aber unter erheblichen Mängeln: Es fehlt an einer Instanz, die den wahren Berechtigten von dem unterscheidet, der sich fälschlich für berechtigt hält oder auch unter dem bloßen Vorwand des besseren Rechts gegen den anderen zu Felde zieht. Auch kann der wirklich Berechtigte sein Recht nicht gegen einen ihm überlegenen Rechtsbrecher durchsetzen. Vor allem sichert solches „Recht" nicht den Rechtsfrieden.

Das Recht bedarf also einer Gewalt, die über den Streitenden steht. Es wird erst dadurch zu einer wirksamen Schutz- und Friedensordnung, zu **„garantiertem" Recht**, daß es **durch organisierte (staatliche) Gewalt** eine verläßliche Durchsetzungschance erhält. Die Waage, als Sinnbild der Gerechtigkeit, und das Schwert gehören zusammen. Gewiß wird das Recht weitgehend auch freiwillig befolgt, und je mehr das der Fall ist, desto mehr kann die Rechtsgarantie der Staatsgewalt latent bleiben. Aber nur solange die Macht der Staatsgewalt in Reserve steht, ist das Recht auch verläßliches Recht.

Der Anarchismus leugnet die Notwendigkeit staatlicher Macht, meist aus einem unrealistischen Optimismus heraus: Gemeinsinn, Vernünftigkeit und natürliche Friedfertigkeit der Menschen allein sollen das Funktionieren einer gerechten Ordnung ausreichend gewährleisten. Die historischen Erfahrungen aus Zeiten einer geminderten Staatsgewalt widersprechen einem solchen Optimismus. Solche Erfahrungen lieferten etwa die Zeit der mittelalterlichen Fehden nach dem Niedergang der deutschen Königsgewalt, die Zeit der französischen Hugenottenkriege des 16. Jahrhunderts und die Zeit der englischen Bürgerkriege des 17. Jahrhunderts. Aus solchen Zeiten ist die Forderung nach einer konsolidierten, starken Staatsgewalt erwachsen, die Forderung nach einer Macht, die Ordnung und Frieden sichert. In den Erfahrungen einer Bürgerkriegsepoche wurzelt die Souveränitätslehre *Bodins* und die Staatstheorie von *Hobbes* (Gesch Kap. 12). Es bedarf also einer organisierten Rechtsgemeinschaft, in der unparteiische Instanzen nicht nur darüber entscheiden, wer im Recht ist, sondern auch die Macht haben, sich mit organisiertem Zwang gegen Rechtsbrecher durchzusetzen.

Diese Stufe der Rechtsverwirklichung wurde in der Geschichte der Zivilisation nur schrittweise erreicht. Eine Etappe in dieser Entwicklung war oft die Einrichtung einer unparteiischen Instanz, die nur feststellte, wer im Recht war, ohne selber schon die Macht zu haben, das, was sie als Rechtens feststellte, auch zu erzwingen. Ein Beispiel bot das germanische Fehdesühneverfahren, dem es an Mitteln obrigkeitlicher Zwangsvollstreckung gebrach. Nicht viel besser steht es heute noch auf dem Gebiet des Völkerrechts mit der internationalen Gerichtsbarkeit: Den Rechtssprüchen des Internationalen Gerichtshofs in Den Haag sind Völkerrechtssubjekte nur dann unterworfen, wenn sie sich dessen Entscheidungskompetenz unterstellt haben; auch die Vollstreckung dieser Urteile liegt im argen.

In der durchorganisierten Rechtsgemeinschaft funktioniert die **Rechtsverwirklichung in rechtlich normierter Weise**. Rechtsnormen regeln hier also nicht nur die „primäre" Verhaltensordnung, sondern Rechtsgewährleistungsnormen („sekundäre" Normen) regeln auch das Verfahren, in dem jene „primären" Normen durchgesetzt werden können. Normiert ist dann insbesondere, wie sich Kläger und Beklagte, Zeugen und Sachverständige, Richter und Gerichtsvollzieher in diesem Verfahren zu verhalten haben. Zur Durchsetzung dieser im Prozeß bestehenden Rechtspflichten (z.B. der Pflicht der Zeugen, vor Gericht zu erscheinen und nach bestem Wissen die Wahrheit zu sagen, der Pflicht des Richters, das Recht nicht zu beugen) stehen wiederum rechtlich geregelte Verfahren bereit, etwa zivilprozessuale Erzwingungsverfahren oder Strafverfahren. Es besteht also ein Geflecht miteinander verwobener und einander absichernder Normen, in dem die einzelnen Elemente sich gegenseitig stützen und aneinander Halt finden wie die Maschen eines Strickwerkes. Erst in solch einem **„vermaschten"**, durchorganisierten **Regelungssystem** sind die einzelnen Normen zu garantiertem Recht geworden.

Wir finden hierbei verschiedene Mechanismen der Rechtsgewährleistung (**Sanktionen**):

Oft kann die Erfüllung von Rechtspflichten geradewegs erzwungen werden. Kommt jemand einer Zahlungspflicht nicht nach, so wird er auf Klage des Gläubigers (§§ 253 ff. ZPO) vom Gericht zur Zahlung verurteilt (§ 300 ZPO). Zahlt er daraufhin immer noch nicht, dann kann aus dem Urteil („Vollstreckungstitel") gegen ihn vollstreckt werden (§ 704 ZPO), etwa in der Weise, daß der Gerichtsvollzieher auf Antrag des Gläubigers bewegliche Sachen des Schuldners pfändet, versteigert und den Erlös dem Gläubiger zur Befriedigung seines Zahlungsanspruches abliefert (§§ 808 ff. ZPO).

Hat aber eine Krankenschwester aus Unachtsamkeit die Medikamente verwechselt und ist ein Patient dadurch zu Tode gekommen, dann ist es zu spät, sie für diesen Fall zur Erfüllung ihrer Sorgfaltspflicht zu zwingen. Wohl aber kann eine Strafsanktion noch eingreifen, in diesem Fall eine Strafe wegen fahrlässiger Tötung (§ 222 StGB). Die Strafe soll die Bestrafte und darüber hinaus auch andere künftig von einer solchen Pflichtverletzung abhalten (Kap. 13a).

Eine andere Form der Rechtsgewährleistung besteht darin, rechtswidrige Akte für nichtig zu erklären oder aufzuheben: So können z.B. verfassungswidrige Gesetze in einem verfassungsgerichtlichen Normenkontrollverfahren für nichtig erklärt werden (§§ 78, 82 Abs. 1, 95 Abs. 3 BVerfGG). Nachrangige Rechtsvorschriften, die dem Recht nicht genügen, können in einem verwaltungsgerichtlichen Verfahren für nichtig erklärt werden (§ 47 Abs. 6 Satz 2 VwGO). Rechtswidrige Verwaltungsakte können durch ein Verwaltungsgericht (§ 113 Abs. 1 Satz 1 VwGO), unrichtige Gerichtsurteile auf ein Rechtsmittel hin durch die nächsthöhere Instanz aufgehoben werden (z.B. § 328 Abs. 1 StPO).

Neben diesen vielfältigen staatlichen Rechtsgewährleistungen ist für eine **Selbsthilfe** nur noch wenig Raum. Selbst dort, wo das Recht sie erlaubt, steht sie **unter rechtlicher Kontrolle**: ob ihre gesetzlichen Voraussetzungen gegeben waren und ob die Grenzen eingehalten wurden, die ihr gezogen sind. Selbsthilfe gestattet das Recht verständlicherweise in Situationen, in denen staatliche Rechtsgewährleistung nicht rasch genug zur Stelle ist, um effektiv zu sein. So darf man einen gegenwärtigen, rechtswidrigen Angriff von sich oder einem anderen abwehren, wenn und soweit das erforderlich ist (§ 227 BGB, § 32 StGB, „**Notwehr**"). Abwehren darf man auch gefahrbringende Sachen und Tiere (§ 90a BGB), z.B. einen angreifenden Hund (§ 228 BGB, „**defensiver Notstand**"). Ferner gibt es ein Notrecht zur Sicherung der Rechtsverwirklichung (§ 229 und speziell für den Vermieter: § 561 Abs. 1 BGB), um z.B. einen Zechpreller an der Flucht zu hindern, und es gibt ein Abwehr- und Besitzbemächtigungsrecht des Besitzers gegen den, der ihm ohne seinen Willen eine Sache wegnimmt, ihm den Besitz eines Grundstücks entzieht oder ihn im Besitz einer Sache stört (§§ 858, 859 BGB, „Besitzwehr" und „Besitzkehr").

Von solchen Ausnahmen abgesehen, hat aber der Staat den Einzelnen die Rechtsdurchsetzung aus der Hand genommen, damit der Rechtsfrieden nicht durch ein „Faustrecht" in Frage gestellt wird. Zum Ausgleich dafür muß aber die **staatliche Rechtsgewährleistung verläßlich** sein (BVerfGE 74, 261 f.). Darum müssen die Zivilgerichte eine bei ihnen erhobene Klage prüfen und, wenn sie zulässig und begründet ist, dem Kläger durch eine Gerichtsentscheidung zur Durchsetzung seines Rechts verhelfen (**„Justizgewährungsanspruch"**). – Im Strafrecht hat aber in der Regel die Staatsanwaltschaft das „Anklagemonopol", das heißt, der Einzelne kann nicht selber den Rechtsbrecher vor Gericht anklagen, sofern es sich nicht um ein „Privatklagedelikt" handelt (§§ 374 ff. StPO). Um aber auch auf diesem Feld die Rechtsgewährleistung sicherzustellen, entspricht dem Anklagemonopol grundsätzlich eine Anklagepflicht (**„Legalitätsprinzip"**, § 152 StPO; Ausnahmen: §§ 153 ff. StPO, z.B. „minima non curat praetor"; vgl. auch Kap. 12b). Versäumt der Staatsanwalt diese Pflicht, so steht dem durch die Straftat Verletzten, der seine Genugtuung gefährdet sieht, ein Klageerzwingungsverfahren zur Verfügung (§§ 171 ff. StPO).

Erst im Zusammenhang mit dem System der Rechtsgewährleistung läßt sich auch der Begriff der **„subjektiven Rechte"** genauer bestimmen: Solche subjektiven Rechte stehen den Rechtspflichten anderer gegenüber. Wir sagen z.B., der Darlehensgeber habe ein Recht auf Rückzahlung des Darlehens, d.h. er könne die Rückzahlung des Darlehens vom Darlehensnehmer verlangen. Aber was soll dieses „Verlangenkönnen" präzise ausdrücken? Sicher nicht die bloß tatsächliche Möglichkeit, die Rückzahlung zu wünschen. Vielmehr ist mit dem subjektiven Recht eine zweigliedrige normative Situation bezeichnet: daß erstens der Darlehensnehmer verpflichtet ist, dem Darlehensgeber das Darlehen zurückzuerstatten (§ 607 Abs. 1 BGB), und daß zweitens dieser den Darlehensnehmer auf Rückzahlung verklagen kann (§ 253 ZPO). Diese Klagemöglichkeit bedeutet, daß der Berechtigte auf Grund von Rechtsgewährleistungsnormen (nämlich der ZPO) durch seine Klage ein Gericht zu einem bestimmten Handeln verpflichten kann: Dieses muß prüfen, ob die Rückzahlungspflicht des Darlehensnehmers besteht, und muß diesen, wenn das der Fall ist, zur Zahlung verurteilen. Eine wesentliche

Komponente des subjektiven Rechts ist also eine **verbindliche Durchsetzungsinitiative**. In einer durchorganisierten Rechtsgemeinschaft ist sie in erster Linie die Befugnis, durch eigenes Handeln ein Rechtsschutzorgan zum Tätigwerden zu verpflichten.

### c) Das Völkerrecht als noch unfertiges Recht

Auch in den Beziehungen zwischen den Staaten muß vieles rechtlich geregelt werden, z.b. der Personenverkehr, der Güter- und der Informationsaustausch, die militärische und die ökonomische Zusammenarbeit, die Nutzung internationaler Gewässer und anderes. Doch fehlt es dem Völkerrecht bisher an einem System durchorganisierter und effektiver Rechtsgewährleistung.

Daß das Völkerrecht nicht unter der Verfügungsmacht einer Zentralgewalt steht, spiegelt sich auch in den **Rechtsquellen** wider. Während im Staat das Gesetz die beherrschende Rechtsquelle ist, ist die tragende Rechtsgrundlage im Völkerrecht der Vertrag. Während im innerstaatlichen Recht Verträge auf Grund und in den Grenzen der positivrechtlichen Ermächtigungen rechtswirksam sind, beruht das geschriebene Völkerrecht unmittelbar oder mittelbar auf Verträgen. Daneben gibt es noch andere Quellen des Völkerrechts (Art. 38 Abs. 1 des Statuts des Internationalen Gerichtshofes), die solchen Rechtsquellen ähneln, die man aus frühen Entwicklungsstufen staatlichen Rechts kennt. Zu ihnen gehören „die von den zivilisierten Nationen anerkannten allgemeinen Rechtsgrundsätze"; es sind Grundsätze, die etwa dem altrömischen Begriff des „jus gentium" entsprechen; z.B. darf sich kein Staat treuwidrig mit seinem eigenen Verhalten in Widerspruch setzen, etwa den Vertragspartner erst an der Erfüllung eines Vertrages hindern und dann diese Nichterfüllung gegen ihn geltend machen (Verbot des „venire contra factum proprium"). Auch Völkergewohnheitsrecht regelt die Beziehungen zwischen Völkerrechtssubjekten.

Die **Globalisierung** von Wirtschaft, Verkehr, Kommunikation und militärischen Zugriffsmöglichkeiten und die daraus folgenden wechselseitigen Abhängigkeiten der Staaten haben dazu geführt, daß sich Staaten zunehmend zu internationalen und supranationalen **Organisationen** zusammenschließen. Es hat sich als zweckmäßig erwiesen, die vielfältig verflochtenen multilateralen Interessen nicht durch immer neu zu schließende Verträge aufzuarbeiten, sondern Organisationen zu schaffen, die fortlaufend einer gemeinsamen Wahrnehmung gemeinsamer, einer Koordinierung verschiedenartiger und einem Ausgleich widerstreitender Interessen dienen. Während im Vertragsrecht das Einstimmigkeitsprinzip herrscht, können im organisierten Zusammenwirken behutsam und unter Wahrung der einzelstaatlichen Toleranzen auch rechtsverbindliche Mehrheitsentscheidungen getroffen werden (d, e).

Selbst die Generalversammlung der Vereinten Nationen kann mit Mehrheit Beschlüsse fassen (Art. 10 ff. der UN-Charta). Auch wenn diese nicht unmittelbar rechtlich verpflichten, können sie doch zu einer Quelle von Völkergewohnheitsrecht werden, wenn sie eine gemeinsame Rechtsüberzeugung („opinio juris") zum Ausdruck bringen und eine damit übereinstimmende Praxis („consuetudo") der Völkergemeinschaft ihnen folgt.

### d) Die Völkergemeinschaft auf dem Weg zur organisierten Rechtsgemeinschaft

Schon bisher haben zunehmend engere zwischenstaatliche Verflechtungen (c) zu Einbrüchen in die Souveränität geführt: Das Modell der Staaten als „geschlossener" Systeme von Hoheitsrechten wird abgelöst durch ein Modell internationaler **Interdependenzen** und internationaler Kooperation der Staaten. Mit einer fortschreitenden Organisierung der Völkergemeinschaft können supranationale Institutionen die Kompetenz erhalten, Regelungen mit innerstaatlicher Verbindlichkeit zu erlassen, auch Beziehungen zwischen den Staaten verbindlich zu regeln, und dazu die Macht gewinnen, diese Regelungen verläßlich durchzusetzen. Am Ende würde auf diesem Wege die Völkergemeinschaft zu einer „staatlichen", organisierten Rechtsgemeinschaft, zu einem **Weltstaat**, mit den Chancen und Risiken, die eine solche Machtkonsolidierung mit sich brächte: Auf der einen Seite stünde die Aussicht auf Befriedung, auf Ablösung internationaler „Fehde" durch geordnete Rechtsverfahren. Auf der anderen Seite drohte in solchem Falle die Gefahr einer Majorisierung von Staaten (z.B. der Industrienationen zum Zwecke einer Egalisierung des Wohlstandes oder der Armut), und es drohte, bei einem Versagen „weltstaatlicher" Balance- und Kontrollmechanismen, eine ungeheuere Machtkonzentration und Tyrannei, deren Eindämmung dann auch nicht mehr von auswärtigen Mächten zu erhoffen wäre.

Dieser Zustand ist jedoch bisher bei weitem nicht erreicht. Zwar nehmen die Vereinten Nationen das Recht für sich in Anspruch, gegen zwischenstaatliche Aggressionen einzuschreiten (Art. 2 Nr. 4, 39 ff. der UN-Satzung) und zunehmend auch das Recht, gegen massive Verletzungen der Menschenrechte zu intervenieren. Doch können selbst diese Ansprüche derzeit nicht gegen Großmächte durchgesetzt werden, und selbst gegenüber kleineren Staaten befindet man sich hier noch im unsicheren Zustand des Experimentierens, wie die Intervention in Jugoslawien gezeigt hat.

Von großer praktischer Bedeutung sind aber die vielfältigen Ausgestaltungen friedlichen internationalen Zusammenwirkens durch **internationale Organisationen**, insbesondere im Rahmen der Vereinten Nationen und ihrer Spezialorganisationen. Sie dienen insbesondere der Beilegung internationaler Streitigkeiten (Internationaler Gerichtshof), der Koordinierung wirtschaftlicher Interessen (Wirtschafts- und Sozialrat der UN), der Verhütung und Behebung sozialer Not (Flüchtlingshochkommissar; Internationales Kinderhilfswerk), der Erleichterung und Regulierung des multilateralen Zahlungsverkehrs (Internationaler Währungsfonds), der produktiven Entwicklungshilfe und der Behebung von Kriegsschäden (Weltbank), der Wahrung von Arbeitnehmerinteressen (Internationale Arbeitsorganisation), der Sicherung der Welternährung (Ernährungs- und Landwirtschaftsorganisation), der Hebung des Gesundheitsstandards in der Welt (Weltgesundheitsorganisation), der Förderung von Wissenschaft und Kultur (UNESCO), der Ordnung internationaler Verkehrsprobleme (Internationale Zivil-Luftfahrtorganisation, Internationale Seeschiffahrtsorganisation, Weltpostverein und Internationaler Fernmeldeverein). Der Liberalisierung des Welthandels und multilateralen Handelsgesprächen dient die Welthandelsorganisation.

Hinzu kommen weltweit zahlreiche regionale Organisationen, die vor allem der wirtschaftlichen Zusammenarbeit oder der gemeinsamen Verteidigung gewidmet sind, wie einerseits der Zusammenschluß südamerikanischer Staaten zu einem gemeinsamen Markt (MERCOSUR) und andererseits die NATO und, beiden Zielen dienend, die Organisation für Sicherheit und Zusammenarbeit in Europa (OSZE).

## e) Insbesondere die Europäische Union

Durch den fortschreitenden Zusammenschluß europäischer Staaten – zunächst zu einer Montanunion (1951), dann zu einer Europäischen Atomgemeinschaft und Europäischen Wirtschaftgemeinschaft („Römische Verträge", 1957), schließlich zu einer Europäischen Union (Vertrag von Maastricht, 1992) – und durch die zunehmende Ausstattung der Gemeinschaftsorgane mit Kompetenzen wurde ein gutes Stück Weges zu einer organisierten Rechtsgemeinschaft zurückgelegt. Auf diese Weise ist „eine neue öffentliche Gewalt entstanden, die gegenüber der Staatsgewalt der einzelnen Mitgliedstaaten selbständig und unabhängig ist; ihre Akte brauchen daher von den Mitgliedstaaten weder bestätigt ... zu werden, noch können sie von ihnen aufgehoben werden" (BVerfGE 22, 296). Erlassen Gemeinschaftsorgane im Rahmen ihrer Kompetenzen **Verordnungen** oder **Entscheidungen**, so sind diese für die Adressaten **unmittelbar rechtsverbindlich**. Richtlinien wenden sich nur an die Mitgliedstaaten und sind für diese hinsichtlich des Zieles verbindlich (Art. 249 des Vertrages über die Europäische Gemeinschaft – EGV). Die Einzelnen können sich aber auch auf eine Richtlinie unmittelbar berufen, wenn diese trotz Fristablaufs noch nicht in nationales Recht umgesetzt wurde und inhaltlich unbedingt und hinreichend bestimmt ist (BVerfGE 75, 236 ff.).

Gleichwohl hat auch die Europäische Union die Stufe der Staatlichkeit bisher nicht erreicht. Ihr rechtliches Fundament sind zwischenstaatliche Verträge, nicht eine gesamtstaatliche Verfassung, und sie verfügt nicht über die Kompetenzenhoheit, sondern kann nur im Rahmen der Ermächtigungen, die ihren Organen vertraglich zugewiesen wurden, rechtsverbindlich handeln (**Prinzip der Einzelermächtigung**, BVerfGE 89, 192 f., 209 f.).

Heute sind die ursprünglichen drei Gemeinschaften in der **Europäischen Union** als einer „Dachorganisation" zusammengefaßt. Deren

Hauptorgan ist der Europäische Rat (zu unterscheiden vom Rat der Gemeinschaften). In ihm kommen die Staats- und Regierungschefs der Mitgliedstaaten und der Präsident der Kommission zusammen (Art. 4 des Vertrages über die Europäische Union – EUV). Der Europäische Rat legt die allgemeinen politischen Ziele für die Entwicklung der Union fest. Im übrigen wirken die Organe der Gemeinschaften zugleich als Organe der Europäischen Union und üben die Befugnisse aus, die ihnen die Gemeinschaftsverträge und der EUV zuweisen (Art. 5 EUV).

Die laufende Arbeit wird von den (gemeinsamen) **Organen der drei Gemeinschaften** besorgt. Die wichtigsten von ihnen sind der Rat, die Kommission, das Europäische Parlament und der Europäische Gerichtshof.

Der **Rat** ist „Regierungsorgan" und wichtigstes Rechtssetzungsorgan der Gemeinschaften. Er erläßt Vorschriften in der Regel auf Initiative der Kommission, kann diese aber zu solchen Initiativen auffordern (Art. 208 EGV). In den Rat entsenden die Mitgliedstaaten Vertreter im Ministerrang (Art. 203 EGV). Er ist also ähnlich konstruiert wie innerhalb der Bundesrepublik Deutschland der Bundesrat, besitzt aber – auch im Verhältnis zum Parlament – eine größere Kompetenzenfülle.

Die **Kommission** ist das „bürokratische" Organ. Sie erarbeitet für den Rat Vorschläge zur Verwirklichung der Gemeinschaftsaufgaben, insbesondere Vorschläge für die zu erlassenden Vorschriften und die zu treffenden Entscheidungen, und kann auch selbst Vorschriften erlassen und Entscheidungen treffen, soweit die Verträge ihr diese Kompetenz zusprechen (insbesondere Art. 202 Unterabsatz 3, 211 Unterabsatz 4, 249 EGV). Ferner wacht sie darüber, daß die Mitgliedstaaten ihre Rechtspflichten aus den Verträgen einhalten. Von einer staatlichen Ministerialbürokratie unterscheidet sich die Kommission durch ihre Unabhängigkeit (Art. 213 f. EGV).

Das Europäische **Parlament** hat nicht die Kompetenzenfülle eines traditionellen Parlaments. Von den herkömmlichen parlamentarischen Kontrollrechten stehen ihm die Befugnisse zu, über die haushaltsrechtliche Entlastung der Kommission zu beschließen (Art. 276 EGV), Untersuchungsausschüsse einzusetzen (Art. 193

EGV), Anfragen an die Kommission (Art. 197 EGV) zu richten, dieser das Mißtrauen auszusprechen und sie dadurch zum Rücktritt zu zwingen (Art. 201 EGV). Eine eigene Gesetzgebungskompetenz hat das Parlament nicht. Es kann aber die Kommission zu Vorschlägen auffordern (Art. 192 EGV). An Beschlüssen des Rates kann es – je nach den Gegenständen – in unterschiedlicher Weise mitwirken (Art. 251 f. EGV).

Der Europäische **Gerichtshof** entscheidet insbesondere darüber, ob ein Mitgliedstaat gegen seine gemeinschaftsrechtlichen Pflichten verstoßen hat (Art. 226 f.), ferner über die Rechtswidrigkeit rechtserheblicher Handlungen und über die Vertragswidrigkeit von Unterlassungen der Gemeinschaftsorgane (Art. 230, 232 EGV).

In der Europäischen Union gelten die Prinzipien der **Demokratie**, der **Rechts- und** der **Sozialstaatlichkeit**. Unmittelbar demokratisch legitimiert ist das Europäische Parlament, das aus allgemeinen Volkswahlen hervorgeht (Art. 190 Abs. 1 EGV). Die Mitglieder des Rates sind als Regierungsmitglieder ihres Entsendestaates durch diesen demokratisch legitimiert. Der Präsident und die Mitglieder der Kommission erhalten eine mittelbare demokratische Legitimation durch die Regierungen der Mitgliedstaaten und durch die Zustimmung des Europäischen Parlaments (Art. 213 EGV). Die Mitglieder des Gerichtshofs werden von den demokratisch legitimierten Regierungen der Mitgliedstaaten ernannt (Art. 223 EGV).

Die Gemeinschaftsorgane sind an rechtsstaatliche Grundsätze gebunden: insbesondere an die Gesetzmäßigkeit der Verwaltung, den Grundsatz der Verhältnismäßigkeit, das Übermaßverbot und das Prinzip der Rechtssicherheit. Der Schutz von Grundrechten wurde fortschreitend ausgebaut. Am Anfang standen die grundrechtsähnlichen „vier Freiheiten" des gemeinsamen Marktes: freier Warenverkehr, berufliche Freizügigkeit, Niederlassungsfreiheit und freier Dienstleistungsverkehr (Art. 23 ff., 39, 43, 49 EGV). Heute sind insgesamt die Grundrechte der Europäischen Menschenrechtskonvention, die – als „jus gentium Europaeum" – den gemeinsamen Verfassungsüberlieferungen der Mitgliedstaaten entsprechen, als europäisches Gemeinschaftsrecht zu beachten (Art. 6 Abs. 2 EUV). Die Gewaltenteilung verwirklicht sich auf Gemeinschaftsebene nur unvollkommen, und zwar wegen der ungleichgewichtigen Verteilung der Zuständigkeiten zwischen den Gemeinschaftsorganen; es existiert aber eine wirksame „föderative" Teilung der Gewalten zwischen den Gemeinschaftsorganen und den Mitgliedstaaten.

Auch sozialstaatliche Grundsätze gehören heute zum Inhalt des EGV (Art. 136 ff.). Insbesondere müssen die Mitgliedstaaten die Verbesserung der Arbeitsumwelt fördern, um die Sicherheit und Gesundheit der Arbeitnehmer zu schützen (Art. 137 EGV). Jeder Mitgliedstaat hat auch dafür zu sorgen, daß Männer und Frauen für gleiche Arbeit gleiches Entgelt erhalten (Art. 141 EGV). Ferner hat die Kommission die Zusammenarbeit zwischen den Mitgliedstaaten in Fragen der Sozialpolitik zu fördern (Art. 140 EGV). Ein europäischer Sozialfonds soll die berufliche Verwendbarkeit und die örtliche und berufliche Mobilität der Arbeitskräfte fördern und die Anpassung an die industriellen Wandlungsprozesse und an die Veränderungen der Produktionssysteme erleichtern (Art. 146 EGV). Nicht zuletzt ist die allgemeine und berufliche Bildung zu fördern (Art. 149 f. EGV).

Die Gesetze des Marktes setzen der einzelstaatlichen Sozialpolitik Grenzen und wirken dahin, daß sich langfristig das Gesamtniveau der Soziallasten und der Steuern angleicht; denn in einem Gebiet, in dem gewerbliche Freizügigkeit herrscht, üben ceteris paribus Staaten mit niedrigen Steuern und Soziallasten eine Anziehungskraft auf produzierende Industrien aus.

Fragt man nach den Kräften, welche insgesamt die **weitere Entwicklung** der Europäischen Union bestimmen, so ergibt sich folgendes Bild: Zu weiterer Vereinheitlichung des Rechts drängt die zunehmende wirtschaftliche Verflechtung, insbesondere die Intensivierung des Güter- und Leistungsaustausches, das überregionale Engagement von Industrien und Banken und die wachsende Mobilität von Eliten und Arbeitskräften in Europa. Gemeinsame rechtsstaatliche Grundsätze werden insbesondere durch den Europäischen Gerichtshof in der Gemeinschaft zur Geltung gebracht. Auf wichtigen Sachgebieten wirken die Mitgliedstaaten (wie einst die Länder im Deutschen Bund) aus eigener Kompetenz an einer fortschreitenden Angleichung des Rechts mit. Die wirtschaftlichen und verteidigungspolitischen Verflechtungen haben bewirkt, daß im

Verhältnis zwischen den Mitgliedstaaten Politik zunehmend zu „europäischer Innenpolitik" geworden ist, die immer stärker in die inneren Angelegenheiten der beteiligten Staaten eingreift, und daß die zusammengeschlossenen Staaten auch im außenpolitischen Verhältnis zu Drittländern fortschreitend zu einer Schicksalsgemeinschaft geworden sind.

Andererseits ist deutlich geworden, daß der **Integrationsfähigkeit** und der Integrationsbereitschaft der europäischen Nationen **Grenzen** gesetzt sind: durch den nationalen Selbstbehauptungswillen, der gespeist ist aus der in Jahrhunderten gewachsenen eigenen Kultur, insbesondere der eigenen Sprache und den Besonderheiten der Traditionen und sozialen Strukturen. Man empfindet mit Unmut, daß das demokratische Selbstbestimmungsrecht der Völker im gleichen Maße schwindet, wie die Gemeinschaft Kompetenzen in Anspruch nimmt, mögen diese auch demokratisch legitimiert sein (a). So regt sich die Forderung, das vereinbarte **Subsidiaritätsprinzip** (Art. 2 Abs. 2 EUV, Art. 5 EGV) streng zu interpretieren und zu beachten, d.h. in jedem Fall genau zu prüfen, ob eine von der Gemeinschaft „in Betracht gezogene Maßnahme auf Ebene der Mitgliedstaaten nicht ausreichend erreicht werden" kann. Auch erscheint es geboten, die Kommission – das bürokratische Zentralorgan – unter ausreichende Kontrollen zu stellen und ihre Regelungsbefugnisse nach Inhalt, Zweck und Ausmaß klar zu begrenzen. Insgesamt ist sicherzustellen, daß den Gliedstaaten „Aufgaben und Befugnisse von substanziellem Gewicht" verbleiben (BVerfGE 89, 186).

Keine Abhilfe schafft die Empfehlung, das Europäische Parlament zu Lasten des Rates stärker mit Kompetenzen auszustatten. Zwar trifft es zu, daß die Entscheidungen des Rates weitgehend von der Kommission und den Fachministerien der Mitgliedsländer vorbereitet und dadurch vorbestimmt werden, so daß der europäische Föderalismus das Gepräge eines „administrativen Föderalismus" erhält, in dem sich wesentliche Entscheidungsprozesse in großer Distanz zu einer demokratischen Legitimation vollziehen. Gleichwohl sprechen gute Gründe für die gegenwärtige Kompetenzenverteilung zwischen Rat und Parlament: Beim Rat ist ein spezifischer Sachverstand für die komplexen Regelungsaufgaben und eine damit verbundene Bereitschaft anzunehmen, „staatsmännische" Kompromisse zu schließen. Würde der Schwerpunkt der Rechtssetzung vom Rat auf das Europäische Parlament verlagert, so würden also wichtige Komponenten fachkundiger Kompromißsuche geschwächt. Vor allem wäre aber ein weiterer Unitarisierungsschub zu erwarten, wenn Kompetenzen von einem „föderativen" Organ zum „unitarischen" Parlament hin verlegt würden. Als der bessere Weg, demokratische und föderative Elemente zu verbinden, erscheint es daher, die nationale parlamentarische Kontrolle der Ratsmitglieder nachdrücklich wahrzunehmen.

Kapitel 3

# Die Aufgabe des Interessenausgleichs

## a) Interessenregelung durch staatliches Recht

Wir haben mancherlei Bedürfnisse: nach Nahrung, Bekleidung, einer schönen Wohnung, sexueller Betätigung, nach Wissen, Kunstgenuß, mannigfachen Vergnügungen. Doch die Bedürfnisse verschiedener Menschen geraten miteinander in Konflikt. Der eine möchte gern mit hundert „Sachen" durch die Stadt brausen, die anderen möchten nicht auf diese Weise an Leben und Gesundheit gefährdet werden. Der eine möchte in seiner Wohnung Trompete blasen, die anderen möchten nicht in ihrer Ruhe gestört werden.

Das Recht muß regeln, wer jeweils welche dieser Interessen verfolgen darf. Es verbietet z.B. generell, in geschlossenen Ortschaften eine bestimmte Geschwindigkeit zu überschreiten, und der Richter entscheidet im Streitfall, wann und wieviel Musik jemand in einem Mehrfamilienhaus machen darf. Das Recht gewährleistet auf diese Weise bestimmte Interessen unter Zurückdrängung kollidierender Interessen. Dabei wägt das Gesetz oder der Richterspruch ab, welchen der widerstreitenden Interessen der Vorzug zu geben sei. Vereinfachend bezeichnete *Philipp Heck* die Gesetze als „die Resultanten der in jeder Rechtsgemeinschaft einander gegenübertretenden und um Anerkennung ringenden Interessen materieller, nationaler, religiöser und ethischer Richtung".[1]

Ob es gelingt, einem Interesse durch eine Rechtsnorm Schutz zu verschaffen, hängt unstreitig auch vom **Durchsetzungsvermögen der Interessenten** ab, also von ihrer Macht und ihrem Einfluß. *Marx* sah gerade in den **ökonomischen** Interessen und Machtpositionen den ausschlaggebenden Faktor, der den Inhalt der rechtlichen Normen bestimme, so daß das Recht gleichsam nur ein Überbau sei, der sich auf der ökonomischen Struktur der Gesellschaft erhebe (Gesch Kap. 18b). Nun wird niemand bestreiten, daß damit ein be-

---

1 *Ph. Heck*, Begriffsbildung und Interessenjurisprudenz, 1932, S.74.

sonders wichtiger Faktor der Rechtsbildung erfaßt wurde. Andererseits liegt darin eine Verengung und Einseitigkeit; denn zweifellos gibt es auch noch andere, **nichtökonomische** Interessen (z.B. das Interesse an der Verhütung von Gefahren für Leib und Leben oder das Bedürfnis, Lärm zu unterbinden oder das Interesse an der Erhaltung landschaftlicher Schönheit) und es gibt nicht oder jedenfalls nicht primär ökonomische Machtpositionen (z.B. den Einfluß der Kirchen, etwa in den Auseinandersetzungen um den Religionsunterricht oder um die Zulässigkeit des Schwangerschaftsabbruchs). Auch solche nichtökonomischen Interessen und Einflüsse bestimmen den Inhalt der rechtlichen Verhaltensordnung mit.

Um in dem politischen System und damit auch auf die Rechtserzeugung Einfluß zu gewinnen, **organisieren sich die Interessenten**, etwa in Arbeitgeberverbänden und Gewerkschaften, in Religions- und Weltanschauungsgemeinschaften, in Bauern- und Sozialverbänden, um mit vereinten Kräften z.B. auf das parlamentarische Gesetzgebungsverfahren Einfluß zu nehmen. So wird z.B. in den parlamentarischen Verhandlungen und Auseinandersetzungen um ein Ladenschlußgesetz der Konflikt zwischen unterschiedlichen Interessen ausgetragen, die für oder gegen eine bestimmte Ladenschlußregelung sprechen. Solche parlamentarischen Auseinandersetzungen können dann in einem Gesetz „resultieren" – um die Wendung Hecks aufzugreifen.

Dem Anspruch auf Gerechtigkeit ist jedoch mit bloßen „Resultanten" ökonomischer und sozialer Kräfte nicht genügt. Er verlangt, daß in staatlichen Entscheidungen die konkurrierenden Interessen „gewogen", d.h. auf ihre Schutzwürdigkeit geprüft werden und **im rechten Maß** und in rechter Weise **zur Geltung** kommen (Kap. 4c): Das resultierende Gesetz (oder der sonstige Rechtsakt) soll regeln, welche Interessen in welcher Weise und in welchem Maße (auf Kosten anderer Interessen) verfolgt werden dürfen und Schutz genießen.

Interessenregelungen durch Gesetze oder andere Rechtsakte vollziehen sich in rechtlich geordneten Verfahren auf Grund rechtlicher Kompetenzen, die so aufeinander abgestimmt sind, daß sie zu einer widerspruchsfreien Verhaltensordnung führen (Kap. 2a). Indem die rechtlichen Entscheidungen einerseits durch Interessen beeinflußt werden und andererseits in eine funktionsfähige Verhaltensordnung münden, dienen die rechtlichen Kompetenzen und Verfahren dazu, die in einer Gemeinschaft vorhandenen Interessen und Einflüsse zu „kanalisieren". Soziologisch wird auf diese Weise ein beträchtliches Maß an „funktioneller" Integration erreicht.

### b) Autonome Interessenregelungen

Rechtliche Interessenregelungen müssen aber nicht durchwegs durch die Staatsgewalt – generell durch Gesetze oder für den Einzelfall durch Verwaltungsakte oder Gerichtsentscheidungen – geschehen. Sie können auch der Selbstgestaltung durch die beteiligten Interessenten, also ihrer **„Privatautonomie"** überlassen werden. Nächstliegendes Beispiel ist der zivilrechtliche Vertrag, etwa der schuldrechtliche Vertrag, durch den die Beteiligten regeln, daß und in welcher Weise ein Güteraustausch vorgenommen werden soll (Kap. 6). Auch durch einen solchen Vertrag entstehen bestimmte – und zwar individuelle – Rechtspflichten: etwa durch einen Kaufvertrag für den einen Partner die Pflicht, eine bestimmte Sache zu übereignen, und für den anderen die Pflicht, den vereinbarten Kaufpreis zu bezahlen (§ 433 BGB). Rechtsverbindlichkeit wird solchen Verträgen durch § 305 BGB beigelegt. Auch hier handelt es sich, genau genommen, um eine rechtliche Kompetenz, d.h. um eine Ermächtigung, den Ausgleich bestimmter Interessen verbindlich zu regeln (Kap. 2a).

Zum Teil wird die Interessenregelung Verbänden überlassen, die hierbei mit Wirkung für ihre Verbandsmitglieder, zum Teil sogar mit Wirkung für alle Angehörigen der gleichen sozialen Gruppe handeln. Auf diese Weise beeinflussen sie weitgehend die Lebensbedingungen dieser Gruppe. Ein Beispiel bieten die **Tarifverträge**, die auf Grund des Tarifvertragsgesetzes geschlossen werden können. Vertragspartner sind hier Gewerkschaften einerseits und Arbeitgebervereinigungen oder einzelne Arbeitgeber andererseits (§ 2 Abs. 1 TVG). Keine prinzipielle Besonderheit weist der schuldrechtliche Teil dieser Verträge auf. Er verpflichtet die vertragschließenden Teile selbst, z.B. dazu, auf ihre Mitglieder hinzuwirken, daß diese während der Vertragsdauer Kampfmaßnahmen unterlassen, die sich gegen das tarifvertraglich Vereinbarte richten (Friedenspflicht). Daneben kann aber der Tarifvertrag in einem normativen Teil Bestimmungen über Inhalt, Abschluß und Beendigung der einzelnen Arbeitsverhältnisse (und über betriebliche und betriebsverfassungsrechtliche Fragen) enthalten, insbesondere Bestimmungen über Löhne, Arbeitszeit, Überstunden und Urlaub. Diese Bestimmungen werden unmittelbar Bestandteil der einzelnen Arbeitsrechtsverhältnisse (§ 4 Abs. 1, § 3 Abs. 1 TVG: automatische Wirkung) und sind grundsätzlich zwingend (§ 4 Abs. 1 TVG). Der einzelne Arbeitsvertrag kann also nicht rechtswirksam zu ungunsten des Arbeitnehmers von diesen Bestimmungen abweichen; Abweichungen zugunsten von Arbeitnehmern (z.B. die Vereinbarung eines übertariflichen Lohnes) bleiben jedoch zulässig (§ 4 Abs. 3 TVG, Günstigkeitsprinzip). Diese normative Wirkung erstreckt sich stets auf die Mitglieder der vertragschließenden Verbände. Ihre Geltung kann aber auch auf solche Arbeitgeber und Arbeitnehmer ausgedehnt werden, die keine Mitglieder der vertragschließenden Verbände sind. Dazu ist erforderlich, daß der Tarifvertrag durch den Bundesarbeitsminister für allgemeinverbindlich erklärt wird, was unter bestimmten Voraussetzungen zulässig ist (§ 5 TVG).

Kapitel 4

# Das Problem der richtigen Ordnung

Wir pflegen uns nicht mit jeder beliebigen Lösung eines Interessenkonflikts zufrieden zu geben. Insbesondere weckt eine Interessenregelung Kritik, wenn sie einseitig das Interesse von Mächtigeren auf Kosten von Schwächeren befriedigt. Indem wir den Staat, so wie er ist, und das bestehende Recht kritisieren, nehmen wir in Anspruch, die Ergebnisse der Machtverhältnisse nicht einfach hinzunehmen, sondern über einen Maßstab zu verfügen, den wir an sie anlegen können. Mit jeder Kritik an den bestehenden Zuständen ist die Frage nach der besseren Alternative gestellt. Mit Begriffen wie „besser" und „schlechter" verläßt man das Gebiet bloßer Beschreibung, das Feld „wertfreier Wissenschaft", und betritt das der Ethik.

Wie bei Interessenregelungen, so finden wir uns überhaupt im Handeln und Entscheiden immer wieder vor die faktische Möglichkeit gestellt, zwischen mehreren Alternativen zu wählen, und zugleich vor die Aufgabe, diese Wahl „richtig" zu treffen, d.h. nach Grundsätzen, die sich rechtfertigen, also begründet verteidigen lassen. Bezogen auf die richtige Ordnung zwischenmenschlichen Verhaltens hat man das in weitem Sinn als die Frage der Gerechtigkeit bezeichnet (Gesch Kap. 7a).

## a) Zur Frage des Konsenses in Gerechtigkeitsfragen

Wann immer die Frage nach der richtigen Ordnung zwischenmenschlicher Beziehungen gestellt wird, taucht auch die moralische und damit auch die weltanschauliche **Skepsis** auf: ein Mißtrauen gegen alle mit Absolutheitsanspruch auftretenden Weltanschauungen und Moralen. In der Zeit der europäischen Religionskriege – der damals wenige Jahrzehnte zurückliegenden Hugenottenkriege, des englischen Bürgerkrieges und des Dreißigjährigen Krieges in Deutschland – sprach *Thomas Hobbes* von den „zwitterhaften Dogmen der Moralphilosophie", die zur Ursache des Streitens und Mordens werden. Würden doch „keine Kriege heftiger geführt als die zwischen den verschiedenen Sekten einer Religion und zwischen den verschiedenen Parteien des Staates, wo nur über Glaubenssätze oder Fragen politischer Klugheit gestritten wird". Aus diesen Erfahrungen und Einsichten hat man unterschiedliche Folgerungen gezogen. *Hobbes* forderte den ordnungstiftenden Spruch einer starken Staatsgewalt (Gesch Kap. 12c, d). Eine andere Folgerung aus jener historischen Erfahrung war die Toleranz, die es, wie *Lessings* „Nathan der Weise", offenläßt, ob die eigene oder die fremde Weltanschauung die richtige sei. Eine damit zusammenhängende Konsequenz war die Respektierung des individuellen **Gewissens**: Kann niemand den Anspruch erheben, über ein absolutes Richtmaß von Moral und Gerechtigkeit zu verfügen, so ist das Gewissen die letzte Instanz, zu der das Bemühen um moralische Einsicht vordringen kann; jeder Mensch ist dann als „autonome" moralische Instanz gleich zu achten. Am schärfsten hat *Kant* das zu Ende gedacht (Gesch Kap. 16a, c).

In der Gemeinschaft werden aber gemeinsame Richtlinien für das Zusammenleben benötigt. Daher kann man nicht bei einer Anzahl zusammenhanglos nebeneinander existierender Gewissensmeinungen stehenbleiben. Wenn jeder das tut, was er für recht und billig hält, droht die Gefahr der Anarchie. Die höchstpersönliche Überzeugung des einen kann mit der eines anderen in Konflikt geraten. So hält es etwa der eine nach seiner Gewissensüberzeugung für berechtigt, daß eine Schwangere nach Belieben die Schwangerschaft abbrechen dürfe, der nächste hält eine Abtreibung nur zur Rettung des Lebens der Mutter oder aus sonstigen schwerwiegenden Gründen für berechtigt und der dritte lehnt einen Schwangerschaftsabbruch in jedem Falle ab. Auf solche divergierenden Überzeugungen läßt sich keine allgemeinverbindliche Gemeinschaftsordnung gründen, die ja gerade auch Menschen unterschiedlicher Überzeugungen zu einem Zusammenleben koordinieren soll. So wird es zu einer zentralen Frage des Rechts, ob, auf welche Weise und in welchem Maße sich in Gerechtigkeitsfragen der Standpunkt bloßer **Subjektivität überwinden** läßt.

*Kant* meinte, die Richtigkeit einer Handlungsmaxime könne man allgemeingültig mit Hilfe eines **formalen Prinzips** feststellen: Der Prüfstein für eine Verhaltensrichtlinie solle in ihrer Verallgemeinerungsfähigkeit liegen. Demnach lautet sein allgemeines Rechtsgesetz: „Recht ist also der Inbegriff der Bedingungen, unter denen die Willkür des einen mit der Willkür des anderen nach einem allgemeinen Gesetze der Freiheit zusammen vereinigt werden kann".[1] Damit ist wohl die grundsätzliche Aufgabe des Rechts formuliert (Kap. 10b). Aber es sind **nicht** schon die **zureichenden** Kriterien bezeichnet, um alle Rechtsfragen richtig zu lösen. So können etwa, um das genannte Beispiel aufzugreifen, sehr verschiedene Regelungen des Schwangerschaftsabbruches allgemein formuliert werden. Ebenso allgemein sind Gesellschaftsordnungen mit oder auch ohne Privateigentum an Grund und Boden vorstellbar. Es bleibt aber die Frage offen, welche unter solchen verallgemeinerungsfähigen Alternativen richtigerweise zu wählen sind.

Man muß daher versuchen, zu **inhaltlich** bestimmten Richtlinien rechtlichen Handelns zu gelangen, und zwar unter der Voraussetzung, daß das individuelle Gewissen die letzte uns zugängliche Grundlage moralischer Einsichten ist. Das Ziel ist dann, durch wechselseitige Verständigung, in einem freien Wettbewerb der Meinungen, zu einer Übereinstimmung zu kommen. Wo nicht alle zustimmen können, ist auf Grund des breitestmöglichen **Konsenses** zu entscheiden, so also, daß die Entscheidungen wenigstens für die Mehrheit der Rechtsgenossen akzeptabel sind. Dabei dürfen die von der Mehrheit gebilligten Entscheidungen nicht zu einer bindungslosen Unterdrückung der überstimmten Minderheiten führen: Die Legitimität des **Mehrheitsprinzips** beruht auf der Prämisse, daß jeder als gleich zu achtende moralischer Instanz anzusehen ist, daß also die Menschenwürde eines jeden gleich viel gilt. Das Mehrheitsprinzip darf diese, seine eigene Prämisse nicht aufgeben und ist von daher prinzipiell begrenzt durch das Gebot, die Menschenwürde – und das heißt auch die fortdauernde, gleichberechtigte Mitwirkungskompetenz – eines jeden zu achten und zu erhalten. Und auch darüber hinaus sind Grundrechte als „Minderheitenschutz" gegenüber der Mehrheit zu beachten (Kap. 10b).

Zudem bedürfen Entscheidungen, die auf dieser „demokratischen" Grundlage getroffen werden, einer **Kultivierung durch rechtsstaatliche Verfahren** und Institutionen. Durch sie ist die Konsens-

---

1 *I. Kant*, Metaphysik der Sitten, I. Teil, 2. Aufl. 1798, S. 33

bereitschaft der Bürger in die Bahnen vernünftiger Gerechtigkeits-
erwägungen zu lenken. Zu diesem Zweck müssen Interessen- und
Meinungskonflikte nach geeigneten „Spielregeln" entschieden
werden: Vor allem ist die Suche nach gerechten Lösungen offenzu-
halten für Argumente und rationale Kritik; dabei ist auch durch Verfahrensregeln für ein „fair play" zu sorgen (Kap. 12). Ferner dürfen
rechtliche Entscheidungen nicht einseitig in den Dienst bestimmter
Interessen und Meinungen gestellt werden und sind daher unparteiischen Instanzen zu übertragen oder deren Kontrolle zu unterwer-
fen (Kap. 10a, 12b). Der Distanz gegenüber konkretem Interessen-
engagement dient es auch, daß staatliches Handeln sich nach Gesetzen – also nach generellen Regeln – zu vollziehen hat (Kap. 10a).
Die Gesetzmäßigkeit von Verwaltung und Rechtsprechung kommt
zugleich der Rationalität und Kontrollierbarkeit der Entscheidungen zugute. Diesen Zwecken dienen auch Begründungspflichten,
wie sie für Gesetze, Gerichtsentscheidungen und Verwaltungsakte
bestehen. Insgesamt müssen rechtliche Entscheidungen also in
rechtsstaatlichen Verfahren getroffen werden. Institutionalisieren
läßt sich ein rechtsstaatliches „Rollenspiel" mit Hilfe von **Repräsentativorganen**, die als organisatorisch unterschiedene Gewalten
einander kontrollieren können. Im Repräsentativsystem kann man
auch „unparteiische" Entscheidungsinstanzen – unabhängige Gerichte und ein zur Unparteilichkeit verpflichtetes Berufsbeamten-
tum – einrichten, die nicht in den Interessenkonflikten engagiert
sind, über die sie entscheiden, und deren Sachkunde und Entscheidungsregeln darauf angelegt sind, die Rationalität der Entscheidungen zu verbessern.

Andererseits sollen die so gewonnenen Entscheidungen **für die
Mehrheit akzeptabel** sein: Es gilt, Entscheidungen zu finden, die
von der Mehrheit der Bürger nach verständiger und gewissenhafter
Prüfung gebilligt werden können. Nach diesem Konzept einer
Rechtsgemeinschaft, die auf breitestmöglicher Zustimmung beruht,
muß vor allem die grundlegende Verfassungsordnung von der Zu-
stimmung der Mehrheit getragen sein. Für die laufend zu treffenden
Entscheidungen kann in der repräsentativen Demokratie diese Zu-
stimmung nicht in jedem Einzelfall ermittelt und eingeholt werden.
Doch müssen hier die Repräsentanten versuchen, ihre Regelungen

in fortwährender Auseinandersetzung mit der öffentlichen Meinung in konsensfähiger Weise zu begründen und zu verteidigen, so also, daß sie im großen und ganzen die Zustimmung der Mehrheit finden können (Kap. 11b). Und in dem Maße, wie das fortgesetzt gelingt, liefern sie eine Rechtfertigung ihrer Wirksamkeit und des politischen Systems insgesamt.

Zugleich hat sich gezeigt, daß das Konsensprinzip durch Verfahren ergänzt werden muß, um dem Gemeinschaftsleben **Orientierungsgewißheit** zu verschaffen. So muß eine nach näher bestimmten Spielregeln – z.B. durch einfachen Mehrheitsentscheid oder in einem parlamentarischen Gesetzgebungsverfahren – beschlossene Norm als rechtsverbindliche Richtschnur des Handelns gelten.

Auch das Prinzip der Rechtssicherheit trägt ergänzend dazu bei, Orientierungsgewißheit herzustellen. Insbesondere ist Kontinuität in Gesetzgebung, Rechtsprechung und Verwaltung anzustreben: Aus der einmal gefällten Entscheidung erwächst um der Rechtssicherheit willen, aber auch im Interesse der Gleichbehandlung eine gewisse Verbindlichkeit, der einmal gefundenen Regelung treu zu bleiben. Ein bisher eingeschlagener Weg darf nur dann verlassen werden, wenn dafür Gründe sprechen, die schwerer wiegen als das Kontinuitätsinteresse.

### b) Leitbegriffe der Gerechtigkeitsdiskussion

Für wichtige Gerechtigkeitsprobleme, die im Laufe der Geschichte und in verschiedenen Kulturen immer wiederkehren, haben sich Leitbegriffe herausgebildet, unter denen über sie diskutiert und nach Übereinstimmung gesucht wird. Es geht dabei um Verkehrsgerechtigkeit, ausgleichende und austeilende Gerechtigkeit, organisatorische Gerechtigkeit, Verfahrensgerechtigkeit und Strafgerechtigkeit.

Die Grundsätze der **Verkehrsgerechtigkeit** betreffen den Rechtsverkehr zwischen den einzelnen Gemeinschaftsgliedern, insbesondere die Regelung des Güteraustausches zwischen ihnen. Ein besonders wichtiges und kaum bestrittenes Prinzip ist das der Vertragstreue („pacta sunt servanda"), das auch über den Individualrechtsverkehr hinaus, z.B. auch im Völkerrecht, Geltung beansprucht

(Kap. 6). Grundsatz der Verkehrsgerechtigkeit ist es auch, daß die auszutauschenden Güter oder Leistungen gleichwertig sein sollen, und zwar ohne Ansehen der Person: Ob ein Bettler oder ein Millionär ein Pfund Butter kauft, soll für den Kaufpreis keine Rolle spielen. Offen bleibt aber die Frage, wonach sich die Gleichwertigkeit der Güter und Leistungen zu bemessen habe. Dieses Problem bildet unter den Stichworten des gerechten Preises und des gerechten Lohnes ein bis heute nicht abgeschlossenes Thema der Gerechtigkeitsdiskussion.

In solchen Fragen überschneidet sich der Aspekt der Verkehrsgerechtigkeit mit dem der **ausgleichenden Gerechtigkeit**. Diese betrifft aber auch andere Fälle eines Ausgleichs von Vor- und Nachteilen (Kap. 7), so insbesondere die Fragen, unter welchen Voraussetzungen und auf welche Art und Weise jemand einem anderen einen Ausgleich leisten solle, wenn er ihn geschädigt hat oder wenn er durch dessen Leistung (und ? oder ?) auf dessen Kosten ungerechtfertigt bereichert worden ist.

Demgegenüber geht es unter dem Aspekt der **austeilenden Gerechtigkeit** darum, Güter, Ämter und Lasten in einer Gemeinschaft gerecht zu verteilen. Hier gilt der Grundsatz, Gleiches gleich und Ungleiches (seiner Verschiedenheit entsprechend) ungleich zu behandeln. In diesem Fall werden also die Unterschiede der Einzelnen von ausschlaggebender Bedeutung: Der Reiche soll z.B. mehr Steuern zahlen als der Arme, der tapfere Soldat eher einen Orden erhalten als der feige. Freilich entsteht immer wieder die Frage, was unter dem Gesichtspunkt der jeweiligen Regelung als wesentlich gleich und was als ungleich anzusehen ist, welche Unterschiede also eine unterschiedliche Behandlung rechtfertigen oder sogar fordern. Wer Personen oder Sachverhalte **verschieden behandeln** will, muß diese Entscheidung durch konsensfähige Gründe zu **rechtfertigen** suchen. Weitgehende Einigkeit läßt sich dabei etwa noch darüber erzielen, daß bei der Verteilung öffentlicher Ämter der besser Geeignete vor dem weniger Geeigneten zum Zuge kommen soll. Dahinter taucht aber sofort das neue Problem auf, wie solche Eignungen richtigerweise festzustellen seien. Auch bei der Verteilung von Lasten gibt es Verteilungsprobleme: Wie sind Steuerlasten gerecht zu verteilen, wie insbesondere die Steuerprogression bei der

Einkommenssteuer gerecht zu bemessen? In solchen Verteilungs-
problemen bestehen oft beträchtliche Meinungsverschiedenheiten.
Hier sind auch international die Unterschiede gesetzlicher Regelungen größer als etwa im Bereich der Verkehrsgerechtigkeit. – Verteilungsprobleme ergeben sich nicht nur hinsichtlich öffentlicher Güter, Ämter und Lasten, sondern auch **im Privatrecht**. So stellt sich
im ehelichen Güterrecht die Frage, wie nach der Auflösung einer
Ehe das Vermögen gerecht zu verteilen ist, ob etwa der während der
Ehe erworbene Zugewinn zwischen den Ehegatten zu teilen ist oder
nicht (dazu §§ 1363, 1371 ff. BGB); hier überschneiden sich Erwägungen austeilender und ausgleichender Gerechtigkeit. Im Erbrecht
ist zu regeln, wie der Nachlaß zwischen Hinterbliebenen verteilt
werden soll (dazu §§ 1924 ff. BGB). – Selbst für die **Völkergemeinschaft** entstehen Fragen verteilender Gerechtigkeit. Das wird
sehr deutlich an den Ansprüchen der Entwicklungsländer, am
Wohlstand der besitzenden Staaten angemessen beteiligt zu werden. Es wird Unfrieden in die Welt getragen, wenn die Verteilung
der Güter der Welt von den Völkern als allzu unbillig empfunden
wird. Auch hier zeigt sich die friedenstiftende Funktion der Gerechtigkeit. Die Idee einer „Internationalisierung der sozialen Gerechtigkeit" liegt auch der „Charta der wirtschaftlichen Rechte und
Pflichten der Staaten" zugrunde, die (mit der Qualität einer Empfehlung) von der UN-Generalversammlung am 12. 12. 1974 beschlossen wurde.

Unter dem Gesichtspunkt der organisatorischen Gerechtigkeit (oder
**Verfassungsgerechtigkeit**) ist zu erörtern, auf welche Weise in
Staaten und in anderen organisierten Gemeinschaften Macht legi-
tim zu begründen ist und wie sie angemessen zu verteilen, zu begrenzen und zu kontrollieren ist. Weitgehende Übereinstimmung
besteht hier in den westlichen Verfassungsstaaten z.B. darüber, daß
Macht demokratisch zu begründen ist, daß sie aufzuteilen ist, damit
die einzelnen Institutionen sich wechselseitig kontrollieren, und
daß sie zu begrenzen ist, damit die Menschenwürde und näher bestimmte elementare Grundfreiheiten der Einzelnen nicht verletzt
werden (Kap. 9 ff.).

Grundsätze der **Verfahrensgerechtigkeit** betreffen die gerechte
Abwicklung rechtlicher Prozesse (Kap. 12). Hier lautet der bekann-

teste, kaum bestrittene Grundsatz, daß jeder, über dessen Interessen entschieden wird, eine faire Chance erhalten muß, Stellung zu nehmen ("audiatur et altera pars").

Unter dem Gesichtspunkt der **Strafgerechtigkeit** werden Voraussetzungen, Schwere, Art und Ausmaß gerechter Strafen diskutiert. Hier wird vieles immer wieder in Frage gestellt. Vor allem erhebt sich das Problem der Strafzwecke: Soll die Strafe Vergeltung üben? Oder soll sie (nur?) die zukünftige Sozialschädlichkeit des Täters verhindern, soll sie ihn hierzu möglichst nachhaltig "aus dem Verkehr ziehen", abschrecken oder aber erziehen? Soll sie auch der Abschreckung Dritter dienen? Und in welchem Verhältnis stehen solche Strafzwecke zueinander (Kap. 13)? Soll Todesstrafe als äußerste Strafsanktion zur Verfügung stehen?

Selbst für **Not und Krieg** gibt es spezifische Gerechtigkeitsprobleme und Konsensmuster. Im bürgerlichen Recht und im Strafrecht ist für die Notwehr (§ 227 BGB, § 32 StGB) ausdrücklich bestimmt, daß die Abwehr nicht das erforderliche Maß überschreiten darf ("Übermaßverbot"); unterschiedliche Meinungen gab es darüber, ob auch eine Güterabwägung – zwischen dem verteidigten Gut und jenem Gut (die Unversehrtheit des Angreifers), gegen das sich die Notwehrhandlung richtet – stattzufinden habe, wie das für den defensiven Notstand (§ 228 BGB) vorgeschrieben ist. Im Kriegsrecht besteht heute wenigstens in der Theorie Einigkeit über bestimmte Mindestgebote menschlicher Kriegsführung.

### c) Hauptzwecke der politischen Gemeinschaft

Was in einer politischen Gemeinschaft als gerecht angesehen und welches politische Handeln für gerechtfertigt gehalten wird, hängt auch davon ab, welche weltanschaulichen Leitbilder und welche damit verbundenen Zielvorstellungen eine Gemeinschaft beherrschen. *Radbruch* meinte, es gebe individualistische und überindividualistische Leitbilder – die aber in der historischen Wirklichkeit nicht immer bis ins letzte voneinander getrennt waren: Nach dem **individualistischen** Leitbild soll den Einzelnen zu größtmöglicher Selbstentfaltung und zu größtmöglichem Glück verholfen werden. Dem lassen sich **überindividualistische** Leitbilder gegenüberstellen. Solche wären etwa die nationale Macht und Größe – man denkt an Preußens Gloria und an „Britannia rules the Waves" – oder an den sozialdarwinistischen Wahn Hitlers von der Selbstbewährung der germanischen Rasse, oder an einen religiösen Auftrag, etwa an die „Christianisierung der Welt" oder an die „Ausbreitung des Islam". All dies sind Zwecke, denen im Laufe der Geschichte das Glück der Einzelnen untergeordnet und oft genug aufgeopfert wurde. Schließlich mag man, zumal in einer rückschauenden historischen Würdigung, den leitenden Zweck eines Gemeinwesens darin sehen, Kunst und Wissenschaft blühen zu lassen und kulturelle Werke hervorzubringen, wie das im Athen des Perikles, im Florenz der Medici und im Weimar der Goethezeit geschehen ist.

Die heute das politische Denken beherrschenden Ideen – **Liberalismus, Sozialismus und Demokratismus** – stellen sich alle in den Dienst individualistischer Zwecke: der individuellen Entfaltungsfreiheit, der gleichmäßigen Wohlfahrt und der politischen Mitbestimmung der Einzelnen. Je nach der unterschiedlichen Gewichtung dieser Zwecke ergeben sich aber verschiedene politische Ziele und lassen sich unterschiedliche Gesetze, Verwaltungsmaßnahmen und Gerichtsurteile rechtfertigen. Dem Ziel möglichst ungehinderter Entfaltungsfreiheit für alle entspricht eine liberalistische Politik. Legt man großen Wert auf die Sicherung von Ordnung und Rechtsfrieden, so erscheint eine „Law-and-order-Politik" angemessen. Erstrebt man vor allem eine gleichmäßige Verteilung des materiellen Wohlstandes und den Schutz der Schwächeren, so resultiert eine sozialistische Politik. Will man allen Bürgern eine größmögliche Mitbestimmung der politischen und ökonomischen Verhältnisse eröffnen, so rechtfertigt sich daraus eine tiefgreifende Demokratisierung des öffentlichen Lebens.

Teils ergänzen sich die genannten Zwecke, teils kollidieren sie miteinander. Ein sozialstaatlicher Kündigungsschutz für Mieter (§§ 556a ff. BGB) oder für Arbeitnehmer (Kündigungsschutzgesetz) beschränkt die „liberale" Vertragsfreiheit. Und selbst innerhalb eines und des selben Zweckes gibt es Antinomien: Begrenzungen der Privatautonomie können auch dazu dienen, diese für möglichst viele als materielle Handlungsfreiheit zu erhalten und sie vor einer partiellen Selbstvernichtung (z.B. durch Kartellabreden) zu bewahren (Kap. 9a). Bei der Lösung solcher **Zielkonflikte** geht es auch darum, **das rechte Maß** zu finden, in dem der eine und der andere Zweck zu verwirklichen ist. Dies gilt insbesondere in der Sozial- und Wirtschaftpolitik: Einerseits ist für öffentliche Wohlfahrt und soziale Gerechtigkeit zu sorgen, andererseits dürfen die individuelle Entfaltungsfreiheit nicht ausgehöhlt, die Privatinitiative nicht erstickt und die Auslesefunktion des Wettbewerbs nicht gelähmt werden. Kurz, das Gerechtigkeitsproblem läuft oft auf einen verständigen Kompromiß hinaus, der die kollidierenden, legitimen Zwecke im rechten Maß zur Entfaltung bringt – eine Aufgabe, die abstrakt nur benannt werden kann. Sie zu lösen, bleibt im Wandel der Verhältnisse dem täglichen Bemühen von Politik, Verwaltung und Rechtsprechung überlassen.

Hierbei ist nicht nur das rechte Maß zwischen den anzustrebenden Zwecken zu finden, sondern auch das rechte Maß dafür, inwieweit solche Zwecke überhaupt durch staatliche Regulative zu verwirklichen oder einer privaten Selbstregelung zu überlassen sind. Es ist also auch die richtige Mitte zu finden zwischen **zuviel und zuwenig Staatlichkeit**, insbesondere zwischen zuviel und zuwenig Liberalität gegenüber privatem Entfaltungsdrang, Erwerbsstreben und Egoismus, auch die richtige Mitte zwischen zuviel und zuwenig an sozialstaatlicher Versorgung und Betreuung, damit zwar unabwendbare Not gelindert wird, aber zugleich private Verantwortung für das eigene Leben gefordert bleibt.

Bei der Suche nach der bestmöglichen Weise, ein politisches System einzurichten und zu steuern, kann man sich dem Experimentierfeld der Geschichte zuwenden und von solchen staatlichen Ordnungen lernen, die als praktiziertes politisches Gesamtsystem den Bedürfnissen ihrer Bürger insgesamt besser gerecht werden als andere, Systeme also, die vermutlich bei freier Ein- und Ausreise die meisten Einwanderer und die wenigsten Auswanderer hätten. Auf Grund solcher **Systemvergleiche** haben im Laufe der Geschichte das parlamentarische, rechtsstaatliche System Großbritanniens und die Verfassungsordnung der USA als Vorbilder für die Verfassungsgesetzgebung gedient. So gesehen erscheinen Rechts- und Verfassungsordnungen als mehr oder minder geglückte Systeme für einen optimalen und gerechten Ausgleich der Interessen ihrer Bürger.

Was man zu einem bestimmten Zeitpunkt als „einstweilen beste Lösung" ermittelt, kann im Fortgang der Geschichte wieder in Frage gestellt werden: Der politische Prozeß bleibt offen für „trial and error", für Kritik und die behutsame Suche nach besseren Lösungen.

### d) Das Menschenbild im Recht

Unter den Vorstellungen, mit denen wir versuchen, uns in unserer komplizierten Welt zu orientieren, sie uns übersichtlich, faßlich, „begreiflich" zu machen (Kap. 1b), spielt das „Menschenbild" eine wichtige Rolle, d.h. jenes Bild, das wir uns von uns selbst und von unserer Stellung in der Welt machen. Auch Fragen nach der Gerechtigkeit und nach der anzustrebenden staatlichen Ordnung werden oft auf ein Menschenbild bezogen, meist auf ein **idealtypisches Leitbild**, das bald die eine, bald die andere unter den zahlreichen Eigenschaften des Menschen hervorhebt. Nach solchen Bildern, die wir uns vom Menschen, von seinem Grundcharakter und seinen Zwecken machen, richtet sich fortwährend auch unser Handeln und Planen.

Sehr verbreitet war der anthropologische Ansatz im **Naturrecht** der beginnenden Neuzeit. Dieses versuchte, die Grundnatur des Menschen herauszufinden, um aus ihr allgemeingültige Rechtsgrundsätze herzuleiten. *Hugo Grotius* z.B. sah die Grundeigenschaft des Menschen in einem „geselligen Trieb zu einer friedlichen und einsichtig geordneten Gemeinschaft mit seinesgleichen". Die nächste Frage war dann: Welche Regeln sind notwendig, um eine Gemeinschaftsordnung zu errichten, die diesem Menschenbild entspricht? Diese Regeln bildeten das „Naturrecht" des Grotius (Gesch Kap. 15a).

*Thomas Hobbes* hat die Methode, die Rechts- und Staatsauffassung auf die Natur des Menschen zu gründen, wohl am schärfsten formuliert: Das Grundelement des Staates seien Menschen; daher müsse die Funktion und Beschaffenheit des Staates sich nach den charakterlichen Grundeigenschaften des Menschen richten (Gesch Kap. 12b).

Aber auch wo diese methodische Konsequenz fehlt, bestimmt ein Menschenbild oft das rechtliche und politische Denken mit. *Rous-*

*seau* etwa ging von einem optimistischen Menschenbild aus: Menschen, die frei in einer Gesellschaft leben, würden ganz von selbst auch die richtigen Gesetze hervorbringen. Das Volk als Ganzes werde nicht im Grundsätzlichen fehlgreifen, wenn es informiert sei und der Volkswille nicht durch einseitige Interesseneinflüsse verzerrt werde. Der allgemeine Wille, der sich dann im Mehrheitsbeschluß aller darstelle, werde nicht irren.[2]

Der **anthropologische Optimismus** kann nicht nur zu einer radikalen Forderung nach direkter Demokratie führen. Zusammen mit übertriebener Vernunftgläubigkeit verleitet er mitunter auch zu der **anarchistischen** These, der Staat als Instrument der Herrschaft von Menschen über Menschen werde ganz entbehrlich, wenn nur die richtige Form des Zusammenlebens gefunden sei. Unter dieser Bedingung hoffte z.B. *Friedrich Engels* auf ein Absterben des Staates: „Die Gesellschaft, die die Produktion auf Grundlage freier und gleicher Assoziation der Produzenten neu organisiert, versetzt die ganze Staatsmaschine dahin, wohin sie dann gehören wird: ins Museum der Altertümer, neben das Spinnrad und die bronzene Axt".[3]

Optimistische Vernunftgläubigkeit wäre es auch, zu meinen, in einem Parlament würde in der reinen Luft vernünftiger Argumentation nach Lösungen für rechtliche und politische Probleme gesucht. – In Wahrheit stehen die Parlamentarier, wie die politischen Instanzen überhaupt, im pluralistischen Gemeinwesen unter dem Druck von Interessenten, die ihre Argumente in den Dienst ihrer eigenen Interessen und Anschauungen stellen. Und sie stehen unter dem Einfluß emotionalisierter Eingestimmtheiten der öffentlichen oder auch nur der veröffentlichten Meinung. Solche irrationalen Einflüsse treffen bei den Politikern oft auf alltägliche menschliche Schwächen: Viele von ihnen neigen dazu, den Weg des geringsten Widerstandes zu gehen, verbreitet ist ihre Besorgnis, bei einflußreichen Verbänden und Gruppen anzuecken, das Bemühen um deren Unterstützung, die Furcht vor öffentlichen Angriffen, der Wunsch, von Massenkommunikationsmitteln günstig präsentiert zu werden, und

---

2 *J. J. Rousseau*, Contrat social, II 3, IV 2.
3 Der Ursprung der Familie, des Privateigentums und des Staats, in: *K. Marx/ F. Engels*, Werke, 21, 168.

überhaupt das Bestreben, die Chancen für die eigene Karriere zu verbessern und die eigene Machtposition auszubauen.

Aus solchen und anderen Erfahrungen heraus ist der anthropologische Optimismus, wie auch das Bild vom Menschen als „animal rationale", immer wieder von anderen Vorstellungen verdrängt worden.

Dem Optimismus steht der **anthropologische Pessimismus** gegenüber. *Thomas Hobbes*, der in einer Zeit eben beendeter oder noch wütender Bürgerkriege – der Hugenottenkriege in Frankreich und der Bürgerkriege in England und in Deutschland – lebte, er hielt den Menschen vor allem für eigennützig, rachsüchtig und feige. Folglich strebte er eine starke, monopolisierte Staatsgewalt an, damit das Zusammenleben nicht zu einem Krieg aller gegen alle werde (Gesch Kap. 12b, c). Bei *John Locke* und später bei *Montesquieu* entsprang die Forderung nach einer Gewaltenteilung und Gewaltenkontrolle (Kap. 9b) dem Mißtrauen gegen die Mächtigen und der Einsicht, daß Menschen dazu neigen, ihre Macht auszuweiten, bis sie auf Grenzen stoßen (Gesch Kap. 14).

Dem von der Aufklärung geprägten rationalen Menschenbild trat im „Sturm und Drang" und in der Romantik die Ansicht gegenüber, daß der Mensch nicht nur von Vernunft, sondern vor allem von Gefühlen und Leidenschaften bewegt werde und aus **irrationalen** Quellen lebe. *Schopenhauer* hielt für die eigentlich bewegende Kraft in uns einen elementaren Lebensdrang zur Selbst- und Arterhaltung; auch unser Intellekt und unsere Argumente seien nur dienstbare Geister dieses Willens zum Leben. In eine ähnliche Beziehung setzte später noch *Pareto* die Grundantriebe unseres Handelns (die „Residuen") zu den argumentativen Formen, in denen wir sie zur Geltung bringen (den „Derivationen"). *Nietzsche* hielt den Machttrieb für den letzten Grund aller Motivation; vor allem hat er auch unsere Neigung enthüllt, die irrationalen Motive unseres Handelns zu verfälschen und uns selbst zu belügen. *Freud* glaubte, durch Psychoanalyse zu den unterbewußten Quellen unseres Verhaltens, zu Libido und Destruktionstrieben, vorzudringen (Gesch Kap. 19b).

Bedenken gegen die allzu optimistischen Hoffnungen auf eine direkte Demokratie sind besonders auch durch jenes Menschenbild bestimmt, das *Le Bon* in seiner „Psychologie der Massen" (1895) hervorgekehrt hat: Menschen seien in der Masse erhöht den Suggestionen von Demagogen ausgeliefert, in ihrer Kritik- und Urteilsfähigkeit gemindert und würden auf der Stufenleiter der Kultur um einige Sprossen herabsteigen. Es ist ein Menschenbild, das in der erfolgreichen Demagogie Hitlers und anderer eine nur allzu handgreifliche Bestätigung fand.

Menschenbilder dieser Art legen es der politischen Praxis nahe, der Vernunft nicht allzuviel zuzutrauen, sondern die Verhaltensregeln auch auf die irrationalen Quellen des Handelns abzustimmen. Wird der Mensch auch vom Willen zur Macht getrieben, dann ist es wichtiger, ausreichende Machtkontrollen im Staat einzurichten, als das demokratische Prinzip zu radikalisieren. In Repräsentativorganen findet man Instrumente einer organisatorischen Gewaltenbalance und rechtsstaatlichen Gewaltenkontrolle. Mit ihnen kann man auch ein „staatsmännisches" Element in den politischen Prozeß einbringen (Kap. 11b) und den Risiken einer demagogisch lenkbaren, direkten Demokratie vorbeugen.

Bedeutung für das Selbstverständnis des Menschen haben sodann die ethologischen Forschungen erlangt, die uns „nackte Affen"[4] in den Gesamtzusammenhang der Tierwelt und deren Evolution hineinstellten. Sie zeigten die Antriebe und **Verhaltensmuster** auf, die **biologisch vorgegeben** sind und dank ihrer lebens- und arterhaltenden Funktion „herausgezüchtet" wurden: Zu ihnen gehören in vielen höheren Lebewesen nicht nur „der Hunger und die Liebe", sondern z.B. auch der mütterliche Schutz- und Pflegetrieb gegenüber den Jungen, möglicherweise auch die Aggressionshemmung gegenüber Kindern, die Tötungshemmung gegenüber Artgenossen und einige konfliktregelnde und energiesparende Verhaltensdispositionen, wie etwa die Bereitschaft, fremden „Besitz", insbesondere ein fremdes „Revier" zu respektieren, und die Bereitschaft, sich in eine einmal ausgekämpfte Rangordnung einstweilen

---

4 *D. Morris*, Der nackte Affe, 1968.

zu fügen.[5] Einiges davon ist wohl auch im Menschen angelegt, doch ist dieser viel weniger starr als andere Lebewesen durch angeborene Verhaltensdispositionen „festgelegt", so daß er einen beachtlichen Spielraum der Verhaltenswahl hat, der es ihm ermöglicht, sich vielfältigen Lebensumständen anzupassen und zweckmäßige Verhaltensweisen zu erlernen, mehr noch: die angeborenen Verhaltensdispositionen müssen durch kulturell geschaffene Verhaltensmuster ergänzt werden, um ein komplexes gesellschaftliches Verhalten überhaupt zu ermöglichen (Kap. 1b).

Wenn es aber zutrifft, daß unser Verhalten biologisch nicht vollständig festgelegt ist, daß die Naturgesetze uns also Spielräume für eine Verhaltenswahl lassen, dann ist auch Raum für eine, wenn auch begrenzte, **Selbstbestimmung**, von der *Kant* meinte, daß in ihr geradezu Würde und Wert des Menschen begründet lägen.[6] Schon aus älteren Wurzeln stammt die Idee, daß der Mensch dazu bestimmt sei, seine Persönlichkeit, seine Anlagen und Fähigkeiten zu entfalten (Kap. 1a).

Die Vorstellung von der Fähigkeit und dem gleichberechtigten Anspruch jedes Menschen zu moralischer und politischer Selbstbestimmung gehört zu den Quellen der Demokratie. Diese Vorstellung ist zugleich Ursprung des Rechts auf Achtung der Menschenwürde (Art. 1 Abs. 1 GG) und der damit zusammenhängenden Ansprüche auf Gleichachtung (Art. 3 GG), auf Glaubens- und Gewissensfreiheit (Art. 4 GG) und auf freie Entfaltung der Persönlichkeit (Art. 2 Abs. 1 GG).

Aus dem Gedanken, der Mensch sei dazu bestimmt, seine Anlagen und Fähigkeiten zu entfalten, und die politische Gemeinschaft habe vor allem diesem Zweck zu dienen, lassen sich darüber hinaus auch sozialstaatliche Ansprüche herleiten, etwa auf Bereitstellung von Ausbildungsmöglichkeiten und angemessenen ökonomischen Entfaltungsbedingungen für alle (Kap. 10b).

---

5 *K. Lorenz*, Das Wirkungsgefüge der Natur und das Schicksal des Menschen, 1978; *E. O. Wilson*, Biologie als Schicksal, 1980; *I. Eibl-Eibesfeldt*, Die Biologie des menschlichen Verhaltens, 3. Aufl. 1995; *A. Paul*, Von Affen und Menschen, 1998.

6 *I. Kant*, Grundlegung zur Metaphysik der Sitten, 1788.

Auf die Fähigkeit und das Verlangen, Dinge nach eigener Entscheidung zu gestalten, und auf die Forderung, die Persönlichkeit eines jeden so weit wie möglich sich entfalten zu lassen, gründen sich auch der Anspruch auf Privatautonomie (Kap. 3b, 6a, 9d) und das Subsidiaritätsprinzip (Kap. 2a).

Kurz, das rechtliche und politische Denken steht in vielfältigen Beziehungen zu den Bildern, in denen der Mensch sich begreift – und damit **je (nur) eine Teilwahrheit** erfaßt.

Kapitel 5

# Die Beteiligten (Die Person im Recht)

Das Recht, so haben wir festgestellt, regelt menschliches Verhalten, und zwar so, daß es bestimmte Handlungen vorschreibt oder untersagt. Wer kann in diesem Zusammenspiel normativ gesteuerten und koordinierten Verhaltens eine Rolle spielen?

Die erste Frage lautet: Wer gehört überhaupt zu einer Rechtsgemeinschaft, für wen (insbesondere zu wessen Gunsten) sollen also die Kompetenzen und Vorschriften einer bestimmten Rechtsordnung gelten? In kulturgeschichtlich frühen Rechtsordnungen findet sich oft eine personale Anknüpfung: Rechtsgenosse ist, wer zum Stammesverband gehört **(Personalitätsprinzip)**. Demgegenüber gilt im modernen Territorialstaat das Recht für jeden, der sich im Staatsgebiet aufhält: „Quidquid est in territorio, est etiam de territorio" **(Territorialitätsprinzip)**. In dem Maße, wie sich dieses Prinzip durchsetzte, wurde der Fremde, der sich im Territorium aufhält, zunehmend den einheimischen Rechtsgenossen rechtlich gleichgestellt. Allerdings gibt es noch gewisse Anklänge an das Personalitätsprinzip. So macht das staatliche Recht rechtliche Unterschiede zwischen Staatsangehörigen und Fremden (das geschieht allerdings in Ausübung der Territorialgewalt und insofern auf Grund des Territorialitätsprinzips). Auch beansprucht der Territorialstaat über das Staatsgebiet hinaus gewisse „Fernwirkungen" seiner Rechtsnormen für seine Staatsangehörigen: Zum Beispiel erkennt er den im Ausland geborenen Kindern seiner Staatsangehörigen die Staatsangehörigkeit zu („jus sanguinis", § 4 Abs. 1, modifiziert durch Abs. 4, des Staatsangehörigkeitsgesetzes). Ferner erstreckt er (mit Einschränkung) den Geltungsanspruch seines Strafrechts über die Staatsgrenzen hinaus auf seine Staatsangehörigen (so insbesondere § 7 Abs. 2 Nr. 1 StGB). In einem Punkte ist das Territorialitätsprinzip jedoch streng faßbar: Das Staatsgebiet ist der Macht- und Ausübungsbereich der staatlichen Kompetenzen; nur auf dem Gebiet des eigenen Staates können dessen Organe Urteile erlassen und vollstrecken und andere Hoheitsakte vornehmen (sofern ihm nicht ein anderer Staat die Ausübung begrenzter Kompetenzen auf dessen Gebiet gestattet).

In den so abgegrenzten Rechtsgemeinschaften sind nach heutigem Recht grundsätzlich **alle Menschen** gleichberechtigt fähig, Träger rechtlicher Rollen (**Rechtssubjekte**) zu sein. Das ist nicht notwendig so. Im Altertum war Sklaverei weit verbreitet, d.h. ein Teil der Menschen hatte nicht die Fähigkeit, eine voll- und gleichberechtigte Rolle zu spielen. Nur zögernd setzte sich die Auffassung durch, daß alle Menschen vor dem Recht den gleichen Status als Rechtssubjekte haben. Mitbestimmt war dies wohl durch die christliche Vorstellung, daß vor Gott alle Menschen gleich seien.

Als Person, die rechtliche Pflichten haben und rechtserheblich handeln, insbesondere Pflichten begründen kann, steht nun also jeder Mensch dem anderen gleich. Es kommt somit nicht auf spezifische persönliche Qualitäten an – ausgenommen solche Eigenschaften, von denen die Fähigkeit abhängt, verständig die eigenen Geschäfte zu führen: Das sind Lebensalter, Vollbesitz der geistigen Kräfte und ähnliches. Diese schematische Gleichstellung wird durch das Wort persona angedeutet, das die Maske des Schauspielers bezeichnet; damit verwandt ist der soziologische Begriff der Rolle.

Hinsichtlich der Rollen, die jemand in einem normativ gesteuerten Handlungsgefüge spielen kann, entstehen vor allem zwei Fragen: Wem kann rechtlich ein bestimmtes Verhalten geboten sein, wer kann also Rechtspflichten (und ihnen korrespondierende Rechte) haben? Das ist die Frage nach der Rechtsfähigkeit. Und: Wer kann durch sein Handeln eigene oder fremde Rechtspflichten begründen, modifizieren oder aufheben? Das ist die Frage nach der rechtlichen Handlungsfähigkeit.

### a) Die Rechtsfähigkeit

Nach unserem Recht ist jeder Mensch von der Vollendung der Geburt an rechtsfähig (§ 1 BGB), d.h. fähig, Rechte und Pflichten zu haben. Diese Aussage ist schon dort etwas problematisch, wo sie von Pflichten handelt. Zum Beispiel kann ein Säugling rechtliche Verhaltensanweisungen nicht verstehen und befolgen. In einem sozialen Regelungssystem ist er noch kein durch Normen ansprechbares, also steuerungsfähiges Element. Was man als Rechtspflicht des neugeborenen Kindes konstruiert, kann also, in eine vollziehbare Handlungsanweisung übersetzt, nur eine Pflicht anderer Menschen sein, etwa der Eltern, die (als gesetzliche Vertreter) für diesen Säugling bestimmte Handlungen vorzunehmen haben (c). Schon hier zeigt sich, daß hinter dem scheinbar so einfachen Satz, daß alle Menschen fähig sind, Träger von Rechten und Pflichten zu sein, subtile Fragen verborgen sind. Das gilt nicht nur hinsichtlich der Pflichten, sondern mehr noch bezüglich der Rechte. Zu diesen gehört, wie schon gesagt (Kap. 2b), die Befugnis, eine verbindliche Durchsetzungsinitiative zu ergreifen, also eine rechtliche Handlungsbefugnis.

## b) Die rechtliche Handlungsfähigkeit

Bei der rechtlichen Handlungsfähigkeit geht es darum, wer selber **durch sein Handeln** eigene oder fremde **Rechtspflichten begründen**, ändern oder aufheben kann. Diese Frage kann verschieden zu beantworten sein, je nachdem, in welcher Rolle jemand am Rechtsgeschehen teilnimmt und welche Handlungsfolgen man in Betracht zieht:

So unterscheidet man **Geschäftsfähigkeit** und **Prozeßfähigkeit**. Bei der privatrechtlichen Geschäftsfähigkeit geht es darum, wer durch Kaufverträge, Darlehen, Mietverträge und andere private Rechtsgeschäfte privatrechtliche Pflichten begründen, aufheben oder ändern kann. Bei der Prozeßfähigkeit geht es vor allem um die Frage, wer in rechtserheblicher Weise prozessuale Handlungen vornehmen, etwa durch seine Klage ein Gericht wirksam verpflichten kann, zur Durchsetzung eines Rechts tätig zu werden. In diesen Fällen tritt eine **Rechtsfolge** deshalb ein, **weil** sie von dem Handelnden **als gewollt erklärt** ist.

Man kann aber durch sein Handeln auch Rechtswirkungen hervorbringen, die nicht gewollt und als gewollt erklärt sind. Wer z.B. ein Musikstück komponiert, erwirbt allein durch dieses Handeln ein Urheberrecht an der Komposition, d.h. er begründet damit bestimmte Unterlassungspflichten seiner Rechtsgenossen, auch wenn er sich hierüber keine Gedanken gemacht hat. Und wer mutwillig ein Kirchenfenster einwirft, begründet dadurch, auch wenn er sich damit zu nichts verpflichten will, eine Schadensersatzpflicht; darüber hinaus setzt er sich einer Strafsanktion aus, d.h. er löst die Pflicht des Staatsanwaltes und des Gerichtes zur Strafverfolgung aus.

Schon eine erste Überlegung zeigt, daß die Fähigkeit zu rechtserheblichem Handeln **unter verschiedenen Aspekten unterschiedlich geregelt** werden muß. Es besteht z.b. kein Grund, einem Wahnsinnigen, der eine neue Komposition oder ein modernes Gemälde schafft, den urheberrechtlichen Schutz an seinem Werk vorzuenthalten. Hingegen wird man einem Geisteskranken oder einem Kind in seinem eigenen Interesse die Fähigkeit versagen, durch eigenes Handeln rechtsgeschäftliche Verbindlichkeiten einzugehen, z.B. sich durch Kaufvertrag zu verpflichten. Man wird also die Möglichkeit zur Selbstgestaltung der einzelnen Rechtsbeziehungen (die „Privatautonomie") an die Fähigkeit knüpfen, die eigenen Angelegenheiten verständig zu besorgen. Das gleiche muß für die Prozeßfähigkeit gelten. Es gilt in ähnlicher Weise auch für die Fähigkeit, durch unerlaubte Handlung eine eigene Schadensersatzpflicht zu begründen und sich durch Straftaten einer Strafverfolgung auszusetzen. Diese Fragen rechtlicher Handlungsfähigkeit hat das geltende Recht im einzelnen wie folgt geregelt:

Für die wirksame Abgabe und Entgegennahme rechtsgeschäftlicher Erklärungen ist **Geschäftsfähigkeit** vorausgesetzt. Völlig geschäftsunfähig ist, wer noch nicht das siebente Lebensjahr vollendet hat, ferner, wer nicht nur vorübergehend unter einer die freie Willensbestimmung ausschließenden, krankhaften Störung der Geistestätigkeit leidet (§ 104 BGB). Aber auch wer sich in einem Zustand der Bewußtlosigkeit oder vorübergehender Störung der Geistestätigkeit befindet, kann während dieser Zeit keine wirksamen Willenserklärungen abgeben (§ 105 Abs. 2 BGB).

Die volle Geschäftsfähigkeit wird erst mit der Vollendung des achtzehnten Lebensjahres erlangt (§ 2 BGB). Minderjährige, zwischen dem siebenten und dem achtzehnten Lebensjahr, sind nur beschränkt geschäftsfähig: Es besteht einerseits ein gewisses Interesse des Minderjährigen daran, schon an der Privatautonomie teilzuhaben, andererseits gilt es, ihn vor nachteiligen Folgen seiner Unbedachtsamkeit zu bewahren. Zwischen diesen Bedürfnissen suchen die Bestimmungen über die rechtliche Handlungsfähigkeit beschränkt Geschäftsfähiger einen Kompromiß: Der Minderjährige kann selbständig solche Willenserklärungen abgeben und empfangen, durch die er ausschließlich einen rechtlichen Vorteil erlangt. Er kann sich also z.b. wirksam etwas schenken lassen. In den anderen Fällen wird aber der gesetzliche Vertreter (s.u.) als Kontrollinstanz eingeschaltet: Die Erklärung des Minderjährigen ist nur dann wirksam, wenn der gesetzliche Vertreter zustimmt (§§ 107, 108 BGB). Allerdings kann diese Zustimmung in gewissen Grenzen pauschal erteilt werden: So ist ein vom Minderjährigen geschlossener Vertrag wirksam, wenn er ihn mit Mitteln erfüllt, die ihm von einem gesetzlichen Vertreter (oder mit dessen Zustimmung) überlassen worden sind, und zwar entweder eigens zu diesem Zweck (etwa zur Finanzierung des Studiums) oder zur freien Verfügung (als Taschengeld) (§ 110 BGB; vgl. auch §§ 112, 113 BGB). Geschäfte, die von dieser pauschalen Zustimmung nicht umfaßt sind, bedürfen einer gesonderten Zustimmung, so z.b. die Verfügung über einen größeren Lotteriegewinn aus einem Los, das der Minderjährige mit seinem Taschengeld erworben hat.

**Prozeßfähigkeit** ist die prozessuale Handlungsfähigkeit. Sie ist also die Fähigkeit, Prozeßhandlungen selbst (oder durch selbst gewählte Vertreter) rechtswirksam vorzunehmen und entgegenzunehmen, z.b. eine Klage zu erheben. Diese Fähigkeit bemißt sich im Zivilprozeß grundsätzlich nach der privatrechtlichen Geschäftsfähigkeit (§§ 51, 52 ZPO; Sonderregelungen: §§ 53, 607 ZPO). Auch im Verwaltungsverfahren und im Verwaltungsgerichtsverfahren deckt sich die Fähigkeit zur Vornahme von Verfahrenshandlungen weitgehend mit der bürgerlich-rechtlichen Geschäftsfähigkeit (§ 12 VwVfG, § 62 VwGO). Im Interesse einer sachkundigen Vorbereitung prozessualer Erklärungen besteht aber vor manchen Gerichten **Anwaltszwang** (so etwa im Zivilprozeß vor den Landgerichten und allen Gerichten des höheren Rechtszuges; vor den Familiengerichten in bestimmten Streitsachen). In diesen Fällen genügt nicht die Prozeßfähigkeit, um vor Gericht wirksam agieren zu können. Sondern die Parteien müssen sich hierzu durch einen Rechtsanwalt vertreten lassen, der bei einem Gericht zugelassen und hier „postulationsfähig" ist (§ 78 ZPO).

Unter **privatrechtlicher Verantwortungsfähigkeit** versteht man die Fähigkeit, sich durch unerlaubte Handlungen zu Schadensersatz zu verpflichten. Diese Fähigkeit hat grundsätzlich jeder. Nicht verantwortungsfähig sind aber Kinder unter sieben Jahren und Personen, die sich bei der Handlung im Zustand der Bewußtlosigkeit oder in einem die freie Willensbestimmung ausschließenden Zustand krankhafter Störung der Geistestätigkeit befinden. Wer sich aber schuldhaft durch geistige Getränke oder ähnliche Mittel vorübergehend in einen solchen Zustand versetzt hat, haftet wegen Fahrlässigkeit (§§ 827, 828 Abs. 1 BGB). Wer bereits das siebente, aber noch nicht das achtzehnte Lebensjahr vollendet hat, ist nur dann für einen Schaden verantwortlich, wenn er bei der Schädigungshandlung genügend Einsicht besaß, um seine Verantwortlichkeit zu erkennen (§ 828 Abs. 2 BGB). Auch die Fähigkeit, sich durch Delikt zu verpflichten, setzt also, in ähnlicher Weise wie die Geschäftsfähigkeit, grundsätzlich die Eignung zu verantwortlichem Handeln voraus. Allerdings gilt eine Ausnahme: Auch wer hiernach nicht verantwortlich ist, wird durch sein Handeln zu Schadensersatz verpflichtet, wenn und soweit das der Billigkeit entspricht (§ 829 BGB; Kap. 7b).

In etwas anderer Weise knüpft das Strafrecht an die Fähigkeit zu selbstverantwortlicher Steuerung des eigenen Verhaltens an. Die zivilrechtliche Verantwortungsfähigkeit soll Voraussetzungen eines gerechten Schadensausgleichs angeben. Die **strafrechtliche Schuldfähigkeit**, zumal die Strafmündigkeit, ist hingegen auf das Problem einer gerechten Strafe zugeschnitten. Strafbar macht sich nur, wer bei seiner Tat die Reife besitzt und sich in einer solchen physischen und psychischen Verfassung befindet, daß er das Unrecht seiner Tat einsehen und nach dieser Einsicht handeln kann, also einsichts- und selbstbestimmungsfähig ist. Ohne Schuld handelt, wer bei Begehung der Tat wegen einer krankhaften seelischen Störung, wegen einer tiefgreifenden Bewußtseinsstörung oder wegen Schwachsinns oder einer schweren anderen seelischen Abartigkeit unfähig ist, das Unrecht der Tat einzusehen oder nach dieser Einsicht zu handeln (§ 20 StGB). Schuldunfähig ist auch, wer noch nicht vierzehn Jahre alt ist (§ 19 StGB). Bedingt verantwortlich sind Jugendliche vom vierzehnten bis zum achtzehnten Lebensjahr; sie sind dann verantwortlich, wenn sie bei der Tat nach ihrer geistigen und sittlichen Entwicklung reif genug sind, das Unrecht ihrer Tat einzusehen und nach dieser Einsicht zu handeln (§ 1 Abs. 2, § 3 des Jugendgerichtsgesetzes; für Heranwachsende, die achtzehn, aber noch nicht einundzwanzig Jahre alt sind, ist § 105 des Jugendgerichtsgesetzes zu beachten).

## c) Die Stellvertretung

Geschäftsunfähige können also nicht durch eigene Erklärungen Rechte und Pflichten begründen oder ändern, beschränkt Geschäftsfähige können es nur in sehr begrenztem Ausmaß. Nun weiß aber jeder, daß ein Kind etwas zu Weihnachten geschenkt bekommen und ein Geisteskranker einen eigenen Anzug erwerben kann. Um das zu ermöglichen, bedurfte es einer wichtigen juristischen Erfindung: Der Geschäftsunfähige kann dadurch mittelbar am Rechtsverkehr teilnehmen, daß ein anderer für ihn handelt und daß dessen Erklärungen dem Geschäftsunfähigen so zugerechnet werden, als ob er sie selber wirksam abgegeben hätte (§ 164 BGB). Bei dieser Stellvertretung handelt es sich also um eine **Technik rechtlicher Zurechnung**.

Um die Teilnahme Geschäftsunfähiger und beschränkt Geschäftsfähiger am Rechtsverkehr zu gewährleisten, haben sie einen **gesetzlichen Vertreter**. Für Kinder und Minderjährige sind das in der Regel die Eltern (§ 1626 Abs. 1, 1629 BGB), ausnahmsweise ist es ein Vormund (§§ 1773, 1793 BGB). Kann ein Volljähriger auf Grund einer psychischen Krankheit oder einer körperlichen, geistigen oder seelischen Behinderung seine Angelegenheiten ganz oder teilweise nicht besorgen, so bestellt das Vormundschaftsgericht auf Antrag oder von Amts wegen für ihn einen Betreuer (§ 1896 BGB), der in seinem Aufgabenkreis ihn vertritt (§ 1902 BGB).

Auch der Geschäftsfähige kann sich des Instruments der Stellvertretung bedienen: dadurch, daß er einem anderen eine **Vollmacht** erteilt (§ 167 BGB). Auf diese Weise kann er sich bei der Erledigung eigener Rechtsgeschäfte entlasten. Die Stellvertretung ist daher ein wichtiges rechtstechnisches Instrument zur Verwaltung großer Vermögen und zur Führung größerer Unternehmen. Hier überstiege es die Arbeitskraft eines Einzelnen, alle zur Vermögensverwaltung oder zur Unternehmensführung erforderlichen Rechtsgeschäfte selbst abzuschließen. Die Stellvertretung ermöglicht es, daß diese Geschäfte arbeitsteilig von Mitarbeitern für den Vermögens- und Unternehmensinhaber abgeschlossen und diesem zugerechnet werden. Dieser Technik bedient man sich vor allem im Handelsverkehr, sei es durch Handlungsvollmachten (§ 54 HGB) oder durch Erteilung einer umfassenden Prokura (§§ 48 ff. HGB).

### d) Juristische Personen

Pflichten und Rechte kann streng genommen nur haben, wer rechtliche Gebote und Verbote verstehen und sich nach ihnen richten kann. Nur Menschen können aber den Sinn einer Vorschrift erfassen und sich von ihr bestimmen lassen.

Auch rechtliche Handlungsfähigkeit, also die Fähigkeit, eigene Rechte und Pflichten zu begründen, zu ändern oder aufzuheben, kann nur Menschen zukommen. Hier geht es um individuelle Selbstbestimmung und Freiheit („Privatautonomie"). Das hatte *Savigny* im Auge, wenn er sagte: „Alles Recht ist vorhanden um der sittlichen, jedem einzelnen Menschen innewohnenden Freiheit willen. Darum muß der ursprüngliche Begriff der Person oder des Rechtssubjekts zusammenfallen mit dem Begriff des Menschen."[1]

Nun kann aber nach unserem Recht z.B. auch ein Sportverein Eigentümer eines Sportplatzes sein. Eine Stadt kann zu bestimmten Sozialhilfeleistungen verpflichtet sein und der Staat kann durch seine Beamten Steuerbescheide erlassen und damit die Bürger zu bestimmten Zahlungen an ihn verpflichten. Wie ist das konstruierbar?

*Otto von Gierke* war der Ansicht, daß solche Verbände, als **„reale Verbandspersonen"**, wie einzelne Menschen rechtlich handeln können. Er ging dabei von der Annahme aus, Vereine, Gemeinden und andere Körperschaften seien überindividuelle Lebenseinheiten, die einen realen, überindividuellen Willen hervorbringen könnten. Die Gemeinschaft sei „ein Ganzes, dem eine reale Einheit inne-

---

1 *F. C. v. Savigny*, System des heutigen Römischen Rechts, II 1840, § 60.

wohnt". Es gebe überpersönliche „psychische Zusammenhänge, die in unser Innerstes hineinreichen". Die Einzelnen seien „Teileinheiten höherer Lebenseinheiten"; diese seien „leiblich-geistiger Natur".[2] In Wahrheit ist aber ein überindividueller realer Wille, als psychischer Tatbestand, empirisch nicht feststellbar. Damit fehlt es an der entscheidenden Tatsache, an welche die Gierkesche Konstruktion anknüpft.

*Savigny* meinte: Wolle man außer den einzelnen Menschen auch noch etwas anderes als Rechtssubjekt behandeln, so müsse man **fingieren**, daß es eine Person sei. Wie soll man aber eine (bloß angenommene) Person, die realiter nicht handeln kann, etwa einen Sportverein, rechtlich handlungsfähig machen? Auf ein ähnliches Problem sind wir schon bei der Frage gestoßen, wie ein geschäftsunfähiger Mensch handlungsfähig gemacht werden könne. Dort wurde das Problem durch die Konstruktion der Stellvertretung gelöst, kraft deren die Handlungen eines geschäftsfähigen Menschen einem anderen Rechtssubjekt zugerechnet werden. Der gleichen Konstruktion bediente sich Savigny, um juristische Personen „in das wirkliche Leben einzuführen": dazu bedürfe es „für sie einer regelmäßigen Vertretung, wodurch die ihnen fehlende Handlungsfähigkeit künstlich ersetzt werden muß".[3] Diesen Gedanken kann man aufgreifen, nämlich so:

Man kann die juristische Person als einen bloßen **Konstruktionsbehelf** verwenden, das heißt: Man kann rechtliche Überlegungen so konstruieren, als ob Vereine und andere verfaßte Gesamtheiten als Ganzes bestimmte Pflichten und Rechte hätten. Hierbei darf man aber nicht stehenbleiben. Recht ist letztlich immer eine Ordnung menschlichen Verhaltens. Um vollziehbare Regelungen zu werden, müssen die Pflichten und Befugnisse, die einer Organisation zugerechnet werden, deshalb erst noch in Handlungsanweisungen und Ermächtigungen für bestimmte Menschen „übersetzt" werden: etwa in Pflichten oder Befugnisse eines Vereinsvorstandes, eines Bürgermeisters, eines zuständigen Finanzbeamten oder eines Stiftungsvorstandes. Dies geschieht an Hand der organisatorischen Bestim-

---

2 *O. v. Gierke*, Das Wesen der menschlichen Verbände, 1902.

3 *Savigny*, aaO., § 96.

mungen (der Verfassung) der Körperschaften, Anstalten oder Stiftungen.

Dieser Gedankengang ist also eine abgestufte Konstruktion von Pflichten und Befugnissen bestimmter Menschen. Die „juristische Person" ist in dieser Überlegung nur ein dazwischengeschobener **Zurechnungsbehelf**. Mit anderen Worten: Der Satz, daß eine juristische Person (z.B. ein Verein) einen Kaufpreis schulde, enthält eine noch unvollständige Aussage, weil das Recht eine Ordnung menschlichen Verhaltens ist. Erst die ergänzende Heranziehung der Körperschaftsverfassung und der darin enthaltenen Zuständigkeitsvorschriften ergibt eine vollziehbare Verhaltensregelung: daß z.B. Herr Meier in seiner Eigenschaft als Vereinsvorstand verpflichtet ist, aus einer bestimmten Vermögensmasse (dem „Vereinsvermögen", nicht aus seinem Privatvermögen) den Kaufpreis zu bezahlen.

Durch diese Konstruktion sind Rechtsverhältnisse in relativ einfacher Form darstellbar, die sich anders nur in sehr komplizierter und unanschaulicher Weise ausdrücken ließen: so z.B. der Tatbestand, daß Verbindlichkeiten und Befugnisse für eine Personenmehrheit von den jeweils zu Organen bestimmten Menschen in einem je festgelegten Umfang (für einen bestimmten Zuständigkeitsbereich) wahrzunehmen sind; ferner die Beschränkung der Haftung auf eine bestimmte Vermögensmasse, etwa auf das Vereinsvermögen, das vom Privatvermögen der Einzelnen abgesondert ist; sodann auch die Unabhängigkeit jener Verbindlichkeiten und Befugnisse vom Wechsel einzelner Mitglieder der Personenmehrheit.

Kapitel 6

# Der Vertrag

## a) Autonomie und Vertrauensschutz

Rechte und Pflichten werden nicht nur durch staatliche Regelung begründet. Vielmehr bleibt die Gestaltung von Rechtsbeziehungen in gewissem Umfang den beteiligten Interessenten überlassen. Für den privaten Bereich besagt das der Begriff der **Privatautonomie** – die Achtung des persönlichen Rechtsgestaltungswillens durch das Recht: Die Rechtsgenossen regeln in begrenztem Umfang ihre gegenseitigen Rechtsbeziehungen selbst. Sie wirken an der konkreten Ausgestaltung ihrer Pflichten und Rechte unmittelbar mit (Kap. 2a, 3b). Das kann in Ausnahmefällen durch einseitige Rechtsgeschäfte, z.B. durch ein Preisausschreiben (§§ 657, 661 BGB) geschehen, vollzieht sich im Regelfall aber durch Verträge, also durch rechtsverbindliche Einigung der Beteiligten. Auf diesem Wege wird in weitem Umfang der Austausch von Gütern und Leistungen geregelt, insbesondere durch Kauf-, Miet- und Dienstleistungsverträge (Buch 2 Abschn. 7 des BGB). Das Vertragsrecht ist aber weit darüber hinaus von Bedeutung, so z.B. im Familienrecht (auch Verlöbnis und Ehe sind Verträge, § 1310 Abs. 1 Satz 1 BGB) oder im Erbrecht; zu denken ist etwa an die Erbeinsetzung durch Erbvertrag (§§ 2274 ff. BGB).

Auch außerhalb des Privatrechts und der Privatautonomie dienen Verträge zur Rechtsgestaltung. Das **Verwaltungsrecht** kennt verwaltungsrechtliche Verträge (§§ 54 ff. VwVfG). Durch einen „koordinationsrechtlichen" Vertrag (d.h. einen Vertrag zwischen gleichgeordneten Partnern) können z.B. Gemeinden sich zu einem Planungsverband zusammenschließen (§ 205 Baugesetzbuch). Eine bedeutende Funktion hat der Vertrag vor allem auch im **Völkerrecht**; hier beruht überhaupt das geschriebene Recht auf Verträgen (Kap. 2c).

Andererseits werden bei weitem nicht alle privaten Rechtspflichten (von den öffentlich-rechtlichen ganz zu schweigen) durch Vertrag, d.h. auf dem Wege der Privatautonomie, geregelt. Manche Handlungen, wie z.B. die Verletzung fremder Güter, lassen ganz ohne Rücksicht auf einen Verpflichtungswillen Rechtspflichten entstehen. Viele Rechtspflichten knüpfen auch einfach an eine objektiv gegebene Situation an, so z.B. die gesetzliche Unterhaltspflicht unter Verwandten in gerader Linie (§§ 1601 ff. BGB).

Neben der Achtung des Rechtsgestaltungswillens ist die **Verläßlichkeit** des gegebenen Wortes ein Grundprinzip allen Vertragsrechts. Daß man sein Wort – und insbesondere einen Vertrag – hält und das Vertrauen nicht enttäuscht, das andere in das Versprechen setzen, gehört zu den Grundlagen allen zwischenmenschlichen Verkehrs. Dies hängt eng mit dem Bedürfnis nach Orientierungsgewißheit und Konsequenz zusammen: Ein geordnetes Gemeinschaftsleben bedarf verläßlicher Orientierungen, auf die man sein Verhalten einstellen kann. Der Grundsatz, daß man sein Wort zu halten habe und ein begründetes Vertrauen nicht enttäuschen dürfe, gilt auch außerhalb des Rechts, hier als Anstandspflicht, durch deren Verletzung man Achtung und Selbstachtung aufs Spiel setzt.

Damit sind die zwei wichtigsten Grundlagen sichtbar geworden, die für die Rechtsfolgen einer privaten Vertragserklärung (auf die wir uns im folgenden beschränken) eine Rolle spielen: die **Privatautonomie**, also die Achtung des privaten Rechtsgestaltungswillens, **und** die **Rechtssicherheit**, also der Schutz dessen, der auf die Verläßlichkeit einer Vertragserklärung vertraut.

Würde das Recht den privaten Gestaltungswillen allein zur Geltung bringen, dann wäre ein Vertrag nur insoweit wirksam, als seine Rechtswirkungen dem tatsächlichen und freien Willen beider Vertragspartner entsprechen. Eine Erklärung müßte also stets dann unwirksam sein, wenn ein Vertragspartner seinen Vertragswillen nicht frei gebildet hat, aber auch dann, wenn die Vertragserklärung von seinem wahren Willen abweicht. Dies träfe immer dann zu, wenn er sich über die verkehrsübliche Bedeutung seiner Erklärung geirrt hat, so, wenn er z.B. in einer Kölner Gaststätte einen „halven Hahn" (d.h. nach der Ortssitte ein Käsebrötchen) bestellt, in der falschen Meinung, dies sei ein halbes Hähnchen. Es träfe ferner dann zu, wenn jemand z.B. 2000 Nägel bestellen will, sich aber vertippt und 20000 schreibt, also eine Erklärung dieses Inhalts gar nicht abgeben wollte.

Nun ist aber neben dem Prinzip der Privatautonomie auch der Vertrauensschutz zu berücksichtigen, der nach verläßlichen Dispositionsgrundlagen im Rechtsverkehr verlangt. Wenn es auf den Vertrauensschutz allein ankäme, wären Erklärungen so, wie sie verkehrsüblich zu verstehen sind, rechtsgültig, auch wenn sich jemand über diese Bedeutung seiner Erklärung irrte oder eine Erklärung dieses Inhalts gar nicht abgeben wollte. Das gleiche müßte gelten, wenn sein Wille unfrei gebildet wurde, sofern der Erklärungsgegner gleichwohl den Vertrauensschutz verdient.

Es gibt somit Fälle, in denen zwei gleichermaßen wichtige Prinzipien zu gegensätzlichen Folgerungen führen. Hier muß also nach vernünftigen Kompromissen gesucht werden: Hat sich der Erklärende **geirrt**, so ist es sein Interesse, nur an dem festgehalten zu werden, was er wirklich gewollt hat. Da er aber einen Vertrauenstatbestand gesetzt hat, ist sein Interesse gegen den Vertrauensschutz abzuwägen (Kap. 3a). In dieser Interessenabwägung stellt das Bürgerliche Gesetzbuch darauf ab, von welcher Art der Irrtum ist. Wer sich versprach oder verschrieb oder sonst eine Erklärung dieses Inhalts gar nicht abgeben wollte oder wer mit den gebrauchten Worten irrtümlich einen falschen Sinn verband, kann seine Erklärung **anfechten** und damit rechtsungültig machen, wenn er sie bei Kenntnis der Sachlage und bei verständiger Würdigung des Falles nicht abgegeben hätte (§§ 119 Abs. 1, 142 Abs. 1 BGB). Rechtserheblich ist auch der Irrtum über verkehrswesentliche Eigenschaften der Person oder der Sache, auf die sich das Rechtsgeschäft bezieht (§ 119 Abs. 2 BGB), so, wenn sich nach Anstellung einer Textilverkäuferin herausstellt, daß sie farbenblind ist. Wer dagegen einem anderen Irrtum unterlag, sich z.B. verspekulierte und den Vertrag aus falschen Motiven schloß, bleibt an seine Erklärung gebunden. – Auch in den Fällen, in denen die Erklärung angefochten werden kann, wird aber das Vertrauen des Partners wenigstens in eingeschränkter Weise geschützt: Der Anfechtende hat ihm den „**Vertrauensschaden**" zu ersetzen, d.h. den Schaden, den der Partner dadurch erleidet, daß dieser auf die Gültigkeit der Erklärung vertraut hat, es sei denn, daß dieser keinen Vertrauensschutz verdient, weil er den Grund der Anfechtbarkeit kannte oder kennen mußte (§ 122 BGB). Einen Vertrauensschutz verdient natürlich erst recht nicht, wer den

Irrtum seines Partners durch arglistige **Täuschung** selber verursacht hat (§ 123 BGB).

Auch Motivationsdruck kann dazu berechtigen, eine Erklärung anzufechten. Das ist dann der Fall, wenn die Willensbildung widerrechtlich durch **Drohung** bestimmt war (§ 123 Abs. 1 BGB). Das bedeutet: Eine Drohung muß ursächlich für die Willenserklärung gewesen sein und als mißbilligenswertes Mittel zur Herbeiführung der Willenserklärung erscheinen.

Besondere Vorschriften gelten für die **Eheschließung**. So kann jemand bei Gericht die Aufhebung seiner Ehe beantragen (§ 1313 BGB), wenn er bei der Eheschließung nicht gewußt hat, daß es sich um eine Eheschließung handelt, oder wenn er zur Ehe durch arglistige Täuschung über solche Umstände bestimmt worden ist, die ihn bei Kenntnis der Sachlage und bei richtiger Würdigung des Wesens der Ehe davon abgehalten hätten, die Ehe einzugehen (außer, wenn die Täuschung Vermögensverhältnisse betrifft oder ohne Wissen des Ehegatten von einem Dritten verübt wurde). Er kann die Aufhebung auch dann beantragen, wenn er durch widerrechtliche Drohung zur Ehe bestimmt wurde (§ 1314 BGB). Hat aber jemand nach Wegfall eines solchen Aufhebungsgrundes zu erkennen gegeben, daß er die Ehe fortsetzen will, so ist die Aufhebung ausgeschlossen (§ 1315 Abs. 1 Nr. 4 BGB).

Für die Anfechtung **letztwilliger Verfügungen** (die ohnehin keine Verträge sind) gibt es die Besonderheit, daß hier ein Dritter, nämlich jemand, dem die Aufhebung der Erklärung zustatten kommt, anfechtungsberechtigt ist (§§ 2078, 2080 BGB). Der Erblasser selbst hingegen kann sein Testament jederzeit widerrufen (§ 2253), weil er mit ihm keinen schutzwürdigen Vertrauenstatbestand gesetzt hat (etwas anderes gilt für Erbverträge und für bestimmte gemeinschaftliche Testamente: §§ 2281 Abs. 1, 2271 Abs. 1 BGB).

Verbindliche Versprechen, zumal wenn sie gegenseitig gegeben werden, begründen schon nach allgemeiner Sitte eine Treuepflicht. Ihr entspricht auch die Rechtspflicht zur Vertragstreue und der Grundsatz, daß Verträge so auszulegen und zu erfüllen sind, wie man es treuerweise – das Gesetz sagt nach **„Treu und Glauben"** – erwarten darf (§§ 157, 242 BGB). Dem Treuegedanken entspricht es auch, daß das Versprochene nicht (oder nur in einer nach Billigkeit modifizierten Weise) geleistet werden muß, wenn die tatsächlichen Umstände, die dem Vertrag zugrunde liegen, sich so verändern, daß nach Treu und Glauben die Einhaltung des Versprechens nicht erwartet werden kann. Diese **„clausula rebus sic stantibus"** gilt als allgemeines Rechtsprinzip – auch im internationalen Rechtsverkehr, also auch für völkerrechtliche Verträge.

### b) Vorgegebene Vertragsinhalte und Grenzen der Vertragsfreiheit

Innerhalb der Vertragsfreiheit kann man unterscheiden zwischen der Freiheit, einen Vertrag zu schließen (**Abschlußfreiheit**), und der Freiheit, den Vertragsinhalt näher zu bestimmen (**inhaltliche Gestaltungsfreiheit**). Für manche Verträge besteht zwar die Abschlußfreiheit, aber keine oder nur eine sehr begrenzte inhaltliche Gestaltungsfreiheit. So steht es z.B. dem Einzelnen zwar frei, eine Ehe einzugehen oder nicht, aber er kann rechtswirksam nur eine Lebensgemeinschaft zu zweit, nicht jedoch eine Ehe zu dritt, auch nicht eine Ehe mit einem Partner gleichen Geschlechts vereinbaren (§ 1306 BGB). Auch soweit Vertragsinhalte nicht zwingend vom Gesetz vorgegeben sind, richtet sich der Wille der Vertragspartner oft nur darauf, fertig bereitliegende Vertragsinhalte, z.B. das bürgerlich-rechtliche Kaufrecht, Darlehensrecht oder Werkvertragsrecht, zwischen den Vertragspartnern in Geltung zu setzen. Kurz, Eingehung und inhaltliche Gestaltung einer Vertragsbeziehung sind unterscheidbare Komponenten des Vertragswillens.

**Zwingend** pflegt das Gesetz bestimmte **Vertragsinhalte** dann aufzustellen und der Verfügung der Vertragspartner ganz oder teilweise zu entziehen, wenn sie im öffentlichen Interesse (Eherecht), zur Verhütung schwerer Unbilligkeiten und sozialer Ungerechtigkeiten (Mieterschutz, Arbeitnehmerschutz), zur Sicherheit des Rechtsverkehrs (Sachenrecht) oder sonst zum Schutze Dritter erforderlich sind.

Fehlen solche Gründe, dann sind die Vertragspartner nicht an die vom Gesetz vorgesehene Ausgestaltung von Vertragsinhalten gebunden, sondern können etwas Abweichendes vereinbaren. In dieser „**dispositiven**" Weise hat das Gesetz z.B. im Kaufrecht den näheren Inhalt der Rechtsfolgen vorgezeichnet, die sich aus einem Kaufvertrag ergeben können (§§ 433 ff. BGB): Es handelt sich hier um eine vorsorgliche gesetzliche Ausgestaltung der Rechte und Pflichten, die aus einem Kauf entstehen, sofern Käufer und Verkäufer nichts anderes vereinbaren: um bewährte Regulierungen typischer Interessenkonflikte, z.b. für den Fall, daß die gelieferte Sache Mängel hat; oft sind das Interessenkonflikte, welche die Vertragspartner beim Vertragsschluß gar nicht hinreichend bedacht haben.

Vielfach wird heute die dispositive gesetzliche Ausgestaltung typischer Vertraginhalte durch formularmäßig vereinbarte Vertragsmuster (**Allgemeine Geschäftsbedingungen**) verdrängt oder ergänzt, so z.b. beim Autokauf und bei Speditions-, Versicherungs- und Bankgeschäften. Solche Allgemeinen Geschäftsbedingungen können einerseits gesetzlich unzureichend geregelte Geschäfte rechtlich klar ordnen, dadurch auch die Kalkulierbarkeit von Geschäftsrisiken verbessern und die Abwicklung von Massengeschäften rationalisieren und vereinfachen. Sie sind hierbei flexibler, als es gesetzliche Regelungen wären, und können die für Massengeschäfte maßgebenden Vertragsbestimmungen rasch an veränderte technische und wirtschaftliche Entwicklungen anpassen. Andererseits besteht die Gefahr, daß solche Vertragsmuster die Interessenregelung, insbesondere die Verteilung der Geschäftsrisiken, zugunsten des potenten Geschäftspartners verschieben, der diese Bedingungen formuliert. Dieser könnte seine wirtschaftliche **Überlegenheit** dazu **mißbrauchen**, die Rechtsbeziehungen für alle, die an den angebotenen Gütern oder Leistungen teilhaben wollen, einseitig zu seinem Vorteil auszugestalten. Ein Staat, der sich als Sachwalter eines gerechten Interessenausgleichs versteht, darf aber nicht zulassen, daß dies unter dem Vorwand der Privatautonomie für beträchtliche Teile des Privatrechts geschieht. Daher sind Vertragsklauseln in Allgemeinen Geschäftsbedingungen unwirksam, wenn sie „den Vertragspartner des Verwenders entgegen den Geboten von Treu und Glauben unangemessen benachteiligen" (§§ 9 ff. des Gesetzes zur Regelung des Rechts der Allgemeinen Geschäftsbedingungen). Auch sonst darf die faktische Überlegenheit eines Vertragspartners nicht dazu führen, daß die Interessenregelung zugunsten eines potenten

Geschäftspartners in unbilliger Weise verschoben wird. Autonomie – und so auch Privatautonomie – setzt voraus, daß man auch tatsächlich in freier Selbstbestimmung handeln kann (vgl. Kap. 10b).

Nicht zuletzt wird der **Rechtsinhalt** der Vertragspflichten auch nach außerrechtlichen **Sozialnormen** bemessen: Nach § 157 BGB sind Verträge so auszulegen, wie Treu und Glauben mit Rücksicht auf die Verkehrssitte es verlangen, und nach § 242 BGB sind schuldrechtliche Leistungen so zu bewirken, wie Treu und Glauben mit Rücksicht auf die Verkehrssitte es erfordern.

Privatautonomie bedeutet also in beträchtlichem Umfang lediglich den frei gewählten Zugriff auf schon bereitliegende Ordnungsmuster zwischenmenschlicher Beziehungen und nicht die völlige Neugestaltung dieser Beziehungen. Verträge können nicht alles regeln, was die Vertragspartner vielleicht regeln möchten. Die Privatautonomie hat Grenzen.

So sieht es auch das Grundgesetz: Art. 2 Abs. 1 GG gewährleistet einerseits mit der freien Persönlichkeitsentfaltung auch die **Privatautonomie**. Andererseits bestimmt er als **Schranken** der Entfaltungsfreiheit: die Rechte anderer, die verfassungsmäßige Ordnung und das Sittengesetz. Zur „verfassungsmäßigen Ordnung" gehört jede Rechtsnorm, die formell und materiell der Verfassung gemäß ist (BVerfGE 6, 37 ff.). Die rechtsgeschäftliche Gestaltungsfreiheit findet eine Schranke also an den **Normen des Rechts** (aus denen sich auch die „Rechte anderer" ergeben). Eine solche Grenze hatte schon das Bürgerliche Gesetzbuch gezogen: Rechtsgeschäfte sind nichtig, wenn sie gegen gesetzliche Verbote – d.h. gegen irgendeine Rechtsnorm (Art. 2 des Einführungsgesetzes zum BGB) – verstoßen (§ 134 BGB). Der Gesetzgeber darf übrigens solche rechtlichen Schranken nicht beliebig errichten: Er darf die persönliche Entfaltungsfreiheit und damit auch die Privatautonomie nicht in ihrem Wesensgehalt antasten (Art. 19 Abs. 2 GG). In dieser Wesensgehaltsgarantie sind auch das Prinzip der Verhältnismäßigkeit und das Übermaßverbot inbegriffen: Der Staat darf in die Freiheit seiner Bürger – auch in seine Vertragsfreiheit – nicht stärker eingreifen, als es zur Wahrung vor- oder wenigstens gleichrangiger Interessen unbedingt erforderlich ist (Kap. 10a).

Als weitere Schranke nennt Art. 2 Abs. 1 GG das **Sittengesetz**. Auch dem entspricht das traditionelle bürgerliche Recht: Rechtsgeschäfte sind dann nichtig, wenn sie gegen die guten Sitten verstoßen (§ 138 Abs. 1 BGB). Nach herrschender Auslegung ist das dann der Fall, wenn sie dem „Anstandsgefühl aller billig und gerecht Denkenden" widersprechen, mit anderen Worten, wenn sie der herrschenden Rechts- und Sozialmoral zuwiderlaufen. Das Gesetz selber nennt als Beispiel den Wucher, d.h. ein Rechtsgeschäft, aus dem jemand unter Ausbeutung der Notlage, des Leichtsinns oder der Unerfahrenheit eines anderen einen übermäßigen Gewinn zieht (§ 138 Abs. 2 BGB). Unsittlich sind ferner „Knebelungsverträge", durch welche die wirtschaftliche Freiheit eines Partners übermäßig und in unwürdiger Weise beschränkt wird. Sittenwidrig sind z.B. auch Verträge, durch die sich jemand gegen Entgelt in Gewissensfragen bindet, etwa zu einem Religionswechsel oder zur Ehelosigkeit verpflichtet.

### c) Vertragsähnliche Rechtsbeziehungen ohne Vertrag

Wenn jemand bemerkt, daß im Garten seines verreisten Nachbarn Wasser aus einer schadhaften Wasserleitung strömt, und er den Schaden durch einen Handwerker beheben läßt, so kann er Ersatz seiner Aufwendungen verlangen, in gleicher Weise, wie wenn er mit der Obsorge für das Anwesen des Nachbarn beauftragt gewesen wäre (§ 683 BGB). Bei solcher **„Geschäftsführung ohne Auftrag"** besorgt jemand wie ein Beauftragter ein Geschäft für einen anderen, ohne daß ein Auftrag (also ein Vertrag) besteht. Aus dem Handeln des hilfsbereiten Nachbarn ergeben sich hier also gleiche Rechtsfolgen wie aus einem gültig abgeschlossenen Vertrag.

Bestimmte Rechtsfolgen, die normalerweise durch einen Vertrag begründet werden, können also ohne eine dahingehende Willenseinigung allein auf Grund der objektiven Verhaltenssituation und Interessenlage entstehen: Wenn das typische **Verhaltensmuster einer Vertragsbeziehung tatsächlich eingehalten** wird, ohne daß dem ein rechtsverbindlicher Vertrag zugrunde liegt, so können aus dieser Situation gleichartige und gleichermaßen schutzwürdige Interessen hervorgehen wie aus einer Vertragsbeziehung. Das römische Recht sprach in solchen Fällen von „Quasikontrakten". Wir begegnen hier einem Denken in Analogien, das darauf zielt, verschiedene Sachverhalte dann gleich zu behandeln, wenn in ihnen Gemeinsamkeiten liegen, die eine Gleichbehandlung rechtfertigen.

Auch andere vertragsähnliche Situationen verlangen nach einer Interessenregelung, die sich an das Vertragsrecht anlehnt: Ist ein **Vertrag über** eine **offene Handelsgesellschaft** (OHG) **rechtsunwirksam**, tritt diese aber gleichwohl im Rechtsverkehr als OHG in Tätigkeit, dann wendet man Vorschriften des OHG-Rechts an, und zwar nicht nur für die Beziehungen der Gesellschaft zu gutgläubigen Dritten; vielmehr gelten auch im „Innenverhältnis" – zwischen den Gesellschaftern – „gesellschaftsrechtliche" Treuepflichten, Geschäftsführungspflichten und -rechte und Gewinn- und Verlustverteilungsregeln. Ferner: Ist ein **Arbeitsvertrag fehlerhaft**, wird aber das Arbeitsverhältnis faktisch vollzogen, so besteht bis zur Auflösung dieses Verhältnisses eine „arbeitsrechtliche" Fürsorge- und Treuepflicht, und der Arbeitnehmer erwirbt einen Anspruch auf Arbeitslohn, nicht nur einen Anspruch aus ungerechtfertigter Bereicherung.

Auch aus den bloßen Vorstufen einer Vertragsbeziehung können einzelne Rechtsfolgen wie aus einem Vertrag entstehen. So erwachsen aus den Beziehungen einer Vertragsanbahnung vorvertragliche Sorgfaltspflichten, deren Verletzung zu einer gleichartigen Haftung führt wie eine Vertragsverletzung (Haftung für **„culpa in contrahendo"**).

# Kapitel 7

# Der Ausgleich von Schäden und Vorteilen

Hat jemand einen Schaden erlitten, so stellt sich die Frage, ob er diesen endgültig selber tragen soll oder ob ein anderer ihn auszugleichen hat. Es geht also um ein Problem der ausgleichenden Gerechtigkeit. Entscheidend ist dabei, unter welchen Bedingungen eine
Ausgleichspflicht billigerweise eintreten, der Schaden also auf
einen anderen überwälzt werden soll.

Dabei wird man sich unschwer über folgende Grundsätze einigen:
Jemand sollte einem anderen den **Schaden** ersetzen, den er ihm vorsätzlich oder fahrlässig an seiner Gesundheit, einem Persönlich-
keitsrecht, seinem Eigentum oder einem anderen „**absoluten**"
**Recht** zufügt, d.h. an einer Rechtsposition, die von allen zu respektieren ist. Auch wer einen schuldrechtlichen Partner durch vorsätz-
liche oder fahrlässige Verletzung seiner **schuldrechtlichen Pflichten** – z.B. aus einem Kauf- oder Mietvertrag – schädigt, sollte ihm
den Schaden ersetzen. Hat aber der Geschädigte den Schaden mit-
verschuldet, so ist die Schadenslast nach dem Grade des beiderseiti-
gen **Mitverschuldens** zu teilen (§ 254 BGB); entsprechendes gilt
bei Gefährdungshaftung (s.u.) für die Mitverursachung. An diese
einleuchtenden, einfachen Grundsätze lassen sich einige Überlegungen knüpfen, die zu einer Präzisierung jener Grundsätze führen.

### a) Die Schadensverursachung

Es scheint sich von selbst zu verstehen, daß der Schaden nicht auf
jemanden abgewälzt werden dürfe, der ihn nicht im natürlichen Sinne verursacht, für ihn also keine Ursache im naturwissenschaftlichen Sinn gesetzt hat. Doch wie steht es, wenn der Schrankenwärter
es unterläßt, die Schranke zu schließen, wenn die Krankenschwester es vergißt, dem Patienten ein notwendiges Medikament zu geben, wenn der Grundstückseigentümer bei Glatteis seine Streu-
pflicht nicht erfüllt und deshalb jemand zu Schaden kommt? In diesen Fällen halten wir es für gerecht, daß der Schrankenwärter, die
Krankenschwester oder der Streupflichtige für den Schaden einste-

hen, nicht weil sie etwas zu dessen Entstehen getan, sondern weil sie etwas unterlassen haben, das den Schaden abgewendet hätte. Es gibt also Fälle, in denen wir jemandem das Nichtabwenden eines Schadens ebenso zurechnen wie das positive Verursachen, und zwar dann, wenn er zur Abwendung dieses Schadens rechtlich verpflichtet und in der Lage war.

In Wahrheit suchen wir also mit dem juristischen Begriff des „Verursachens" nach einem **Zurechnungsbegriff innerhalb einer Gerechtigkeitserwägung**, mit dessen Hilfe wir die Voraussetzungen präzisieren, unter denen ein Schadensausgleich als gerechtfertigt erscheint. Kurz, die „Verursachung" ist im Recht Hilfsbegriff einer Gerechtigkeitserwägung und ist als solcher mit der naturwissenschaftlichen Verursachung nicht identisch. Sie dient aber in Anlehnung an diesen naturwissenschaftlichen Begriff dazu, ein **Gedankenexperiment** anzustellen: Ein Ausgleichsanspruch kann nur an eine solche Handlung anknüpfen, die nicht hinweggedacht werden kann, ohne daß der Schaden entfiele (entsprechend dem naturwissenschaftlichen Verursachungsbegriff); an ein Unterlassen kann er nur dann anknüpfen, wenn die gebotene Handlung nicht hinzugedacht werden kann, ohne daß der Schaden entfiele. Diese Hypothese muß mit einer „an Sicherheit grenzenden Wahrscheinlichkeit" aufgestellt werden können.

Als Zurechnungsbegriff muß der Kausalitätsbegriff des Schadensersatzrechts also auf das zu lösende Rechtsproblem der Schadensüberwälzung zugeschnitten sein (diese **„Funktionsgebundenheit der Rechtsbegriffe"** wird uns auch beim Begriff der Fahrlässigkeit begegnen). So wurde er zunächst (gegenüber dem naturwissenschaftlichen Verursachungsbegriff) im Hinblick auf das Unterlassen erweitert. In anderer Hinsicht muß er (im Vergleich zum naturwissenschaftlichen Verursachungsbegriff) eingeschränkt werden: Zündet jemand ein fremdes Haus an, so haben auch die Eltern des Brandstifters, die diesen erzeugt haben, der Fabrikant der Zündhölzer und der Händler, der diese verkauft hat, den Schaden – im Sinne des „Nicht-wegdenken-könnens" – verursacht. Solche entfernten Bedingungen erscheinen aber nicht als gerechtfertigte Anknüpfungen für eine Schadensüberwälzung. Darum scheidet man sie aus dem Kreis der rechtserheblichen (relevanten) Ursachen aus und knüpft eine Schadensersatzpflicht nur an **„adäquate" Schadensursachen**: Als (rechtserheblich) verursacht rechnet man solche Handlungsfolgen nicht zu, die auf Grund einer ganz ungewöhnlichen Verkettung der Umstände eingetreten sind.

Im öffentlichen Recht stoßen wir gelegentlich sogar auf die Forderung, einen Schaden auf Personen abzuwälzen, die ihn auch im Sinne dieses juristischen Zurechungsbegriffs nicht „verursacht" haben: Das ist z.B. dann der Fall, wenn verlangt wird, daß die Gesamtheit billigerweise bestimmte Lebensrisiken zu tragen habe, etwa Schäden, die durch Naturkatastrophen oder Verbrechen entstanden sind (c). Hier wird also die Rechtsgemeinschaft als Risikogemeinschaft vorgestellt. Darum wird der Vermögensnachteil auf alle – wirtschaftlich gesehen, auf die Steuerzahler – überwälzt. Sehen wir aber von solchen Fällen einer staatlichen und von der vertraglichen (versicherungsrechtlichen) Risikoübernahme ab, dann werden wir für den Schadensausgleich zwischen Einzelnen daran festhalten, daß ersatzpflichtig nur ist, wer den Schaden im Sinne des juristischen Zurechnungsbegriffs verursacht hat.

**b)  Widerrechtlichkeit und „Vertretenmüssen"**

Auch die adäquate Verursachung eines Schadens ist aber nicht schon für sich allein ein zureichender Grund für die Schadensüberwälzung. Wer z.B. einen gefährlich angreifenden, fremden Hund verletzt, sollte billigerweise für diesen Schaden nicht aufkommen müssen. Dem entspricht die gesetzliche Regelung: Wer fremde Güter beeinträchtigt, ist grundsätzlich nur dann zum Schadensausgleich verpflichtet, wenn er das **unerlaubterweise** – durch „unerlaubte Handlung" – tut (§ 823 Abs. 1 BGB). Nun ist die Verletzung fremder Güter in der Regel nicht erlaubt. Wer aber, wie im genannten Fall, im Verteidigungsnotstand (§ 228 BGB), in Notwehr (§ 227 BGB) oder mit anderer Rechtfertigung Menschen oder Sachen einen Schaden zufügt, der ist nicht aus „unerlaubter" Handlung ersatzpflichtig, weil er nichts Verbotenes getan hat. Wohl aber kann er, wie im Falle des „aggressiven Notstandes" (§ 904 BGB) aus einem anderen Grund ersatzpflichtig sein.

Adäquate und widerrechtliche Schadensverursachung genügt aber im „Grundtypus" der unerlaubten Handlung noch nicht, um den Schaden auf den Verursacher zu überwälzen. Dieser muß den Schaden auch **zu „vertreten"** haben: Er muß im Zeitpunkt der Schädigungshandlung verantwortungsfähig gewesen sein (Kap. 5b) und den Schaden vorsätzlich (wissentlich und willentlich) oder fahrlässig, das heißt unter Außerachtlassung der im Verkehr erforderlichen Sorgfalt (§ 276 Abs. 1 Satz 2 BGB) verursacht haben.

Schon dieser **Fahrlässigkeitsbegriff** zeigt, daß man das Vertretenmüssen nicht kurzerhand mit „Verschulden" übersetzen darf: Das bürgerliche Recht stellt darauf ab, ob die im Verkehr „erforderliche" Sorgfalt verletzt wurde, nicht auch darauf, ob der Schädiger nach seinen geistigen Fähigkeiten in der Lage war, die objektiv erforderliche Sorgfalt aufzubringen. In diesem Punkte unterscheidet sich der zivilrechtliche Fahrlässigkeitsbegriff vom **strafrechtlichen**. Dieser setzt auch die subjektive Fähigkeit des Täters voraus, die erforderliche Sorgfalt zu wahren; erst dieses „subjektive" Element der Fahrlässigkeit rechtfertigt einen strafbegründenden Schuldvorwurf. Der **zivilrechtliche** Begriff der im Verkehr „erforderlichen" Sorgfalt hingegen stellt darauf ab, welches Verhalten in bestimmten Situationen generell geboten ist, d.h. darauf, wie sich jeder zu verhalten hat, der sich in einer gleichen sozialen Rolle (z.B. als Arzt) in einer gleichartigen Situation befindet. Die zivilrechtliche Fahrlässigkeit setzt somit voraus, daß eine typisierbare Verhaltensrichtlinie **objektiv** verletzt wurde; das aber ist genau genommen eine Aussage über die Rechtswidrigkeit, nicht über die Schuldhaftigkeit eines Verhaltens. Nun ist es aber auch gar nicht notwendig, beim Schadensersatz das Verschuldensprinzip streng durchzuführen; denn es handelt sich hier nicht um eine Frage gerechter Strafe, sondern um die Frage, wer billigerweise den Schaden aus einer Schädigungshandlung letztlich zu tragen habe.

Regelmäßig setzt die Schadensersatzpflicht aus unerlaubter Handlung außer Vorsatz oder Fahrlässigkeit auch die **Verantwortungsfähigkeit** des Schädigers voraus (Kap. 5b). Auch in diesem Punkte weicht aber das bürgerliche Recht gelegentlich vom Verschuldensgrundsatz ab: Wenn z.B. ein wohlhabender Geisteskranker einem Kleinbauern die Ernte verdirbt, muß er, wie billig, den Schaden ersetzen, wenn der Ersatz nicht von einem Aufsichtspflichtigen erlangt werden kann (§ 829 BGB).

Es gibt Fälle, in denen es gerecht erscheint, daß jemand auch solche **Schäden** ausgleicht, die **durch** sein **erlaubtes Handeln** einem andern entstehen. Wer z.b. im Gebirge eine fremde Hütte aufbricht, um nicht in einem Schneesturm umzukommen, tut nichts Verbotenes. Aber er muß den an der Hütte entstandenen Schaden ersetzen (§ 904 BGB).

Schadensersatzpflichten entstehen auch aus „**Gefährdungshaftung**", dort nämlich, wo jemand Gefahrenquellen schafft: Tiere hält, Fahrzeuge in den Verkehr bringt oder Unternehmungen betreibt, die Gefahren für andere mit sich bringen. Geht man davon aus, daß Rechtnormen Regeln sind, die (ex ante) erkennbar das Verhalten lenken wollen, so verstößt der Pflichtige hier zumeist nicht gegen solche Vorschriften, handelt in diesem Sinne also nicht rechtswidrig. So tut z.b. jemand, der sich ein Tier hält, damit nichts Verbotenes; aber er muß grundsätzlich für die Schäden einstehen, die sein Tier anrichtet (§ 833 Satz 1 BGB; siehe aber auch Satz 2). Das Jagdrecht sieht sogar eine Ersatzpflicht des Jagdberechtigten für Wildschäden vor, also für Schäden, die durch wild lebende, herrenlose Tiere angerichtet werden (§ 29 des Bundesjagdgesetzes; vgl. § 960 Abs. 1 Satz 1 BGB), obgleich hier der Jagdberechtigte nicht einmal eine adäquate Ursache für den Schaden gesetzt haben muß. Wichtiger ist aber die Überwälzung des Schadensrisikos für beträchtliche Gefahrenquellen, die in der Industriegesellschaft entstanden sind, auf Unternehmer oder Halter: Kraftfahrzeughalter und Halter von Luftfahrzeugen haften für Schäden aus dem (erlaubten) Betrieb ihrer Fahrzeuge (§§ 1 und 2 des Haftpflichtgesetzes, § 7 des Straßenverkehrsgesetzes, § 33 des Luftverkehrsgesetzes, BGBl. I 1981, S. 61). Eisenbahnunternehmer haften für Schäden, die aus dem (erlaubten) Betrieb der Eisenbahn entstehen. Entsprechendes gilt – mit Ausnahmen – für Schäden, die durch Strom- oder Rohrleitungsanlagen verursacht werden. Eine Gefährdungshaftung trifft ferner die Inhaber von Anlagen, die Kernbrennstoffe erzeugen, spalten oder aufarbeiten, und die Besitzer radioaktiver oder von einer Kernspaltung betroffener Stoffe (vgl. §§ 25 ff. des Atomgesetzes). Für schädliche Veränderungen der Beschaffenheit eines Gewässers wird nach § 22 des Wasserhaushaltsgesetzes gehaftet.

### c) Nachteilsausgleich im öffentlichen Recht

Ausgleichsansprüche für die rechtmäßige Zufügung von Nachteilen finden sich auch im öffentlichen Recht. Hauptbeispiel ist die Entschädigung für **Enteignungen** (Art. 14 Abs. 3 GG; vgl. Kap. 8d). Diese Entschädigungspflicht als Gebot der ausgleichenden Gerechtigkeit läßt sich geradezu aus dem Prinzip der Gleichbehandlung ableiten: Durch die Enteignung wird einem Eigentümer über die allgemeinen Schranken des Eigentums hinaus ein besonderes Opfer zugemutet, das ihn im Vergleich mit anderen Eigentümern ungleich belastet. Daher ist es ein Gebot der Gerechtigkeit, diese **Ungleichbehandlung** durch eine Entschädigung wieder **auszugleichen** („Sonderopfertheorie"). Das Bundesverfassungsgericht hat den Gedanken der Ungleichbehandlung aber noch zugespitzt: Enteignung ist nur ein Zugriff, der sich auf den vollständigen oder teilweisen Entzug konkreter Eigentumsrechte richtet (BVerfGE 52, 27 f.; 72, 76).

Eingriffe, die dem Einzelnen ein besonderes Opfer abverlangen, müssen nach dem Gleichbehandlungsgebot aber auch dann zu einem Ausgleich führen, wenn spezifische Entschädigungstatbestände (wie Art. 14 Abs. 3 GG) oder Schadensersatzvorschriften (wie Art. 34 GG, § 839 BGB) nicht erfüllt sind, z.B. bei rechtmäßigem Verwaltungshandeln, das nur tatsächlich enteignend wirkt, wie der Betrieb einer städtischen Kläranlage, der zu einer starken Geruchsbelästigung der Anlieger führt (BGHZ 91, 26 ff.), oder auch bei einer nicht schuldhaften Beeinträchtigung der Gesundheit (BGHZ 9, 85 ff.). In solchen Fällen besteht ein **Aufopferungsanspruch**, wie er bereits im Preußischen Allgemeinen Landrecht enthalten war (§ 75 der Einleitung zum ALR) und später gewohnheitsrechtliche Geltung in ganz Deutschland erlangte: „Dagegen ist der Staat denjenigen, welcher seine besonderen Rechte und Vorteile dem Wohle des gemeinen Wesens aufzuopfern genötigt wird, zu entschädigen gehalten".

Ausgleichsprobleme müssen aber nicht immer an Eingriffe des Staates selbst anknüpfen. Sie können z.b. auch im Gefolge von kriegerischen Auseinandersetzungen entstehen. Werden durch solche Ereignisse, in die der Staat seine Bürger mit hineinzieht, Einzelne in besonders hartem Maße betroffen, dann erhebt sich die Forderung nach einer annähernd gleichen Verteilung der Lasten („**Lastenausgleich**") und nach einer Entschädigung der Kriegsopfer.

Darüber hinaus läßt es sich der Sozialstaat zunehmend angelegen sein, auch **Lebensrisiken**, die nicht durch staatliche Aktionen geschaffen oder erhöht wurden, auszugleichen oder wenigstens zu mildern. Das gilt z.b. für Schäden, die durch Naturkatastrophen oder durch Gewalttaten entstanden sind.[1]

Der Grundsatz, daß jemand einen von ihm angerichteten Schaden wiedergutzumachen hat, gilt auch im **Völkerrecht**. Auch hier herrschte zunächst das Prinzip der „Verschuldenshaftung". Die moderne Staatenpraxis entscheidet sich aber zunehmend für eine Erfolgshaftung, also dafür, daß auch ein „schuldlos" (aber adäquat und ungerechtfertigterweise) verursachter Schaden eine Ersatzpflicht begründet. Soweit ein Schaden durch riskantes staatliches Handeln (z.B. durch Raketenversuche oder durch den Betrieb von Kernkraftwerken) verursacht wird, sprechen für solche Erfolgshaftung ähnliche Erwägungen, wie sie der bürgerlichen Gefährdungshaftung zugrunde liegen.

### d) Ausgleich ungerechtfertigter Vorteile

Die ausgleichende Gerechtigkeit gebietet auch den Ausgleich von Vorteilen, die jemand ungerechtfertigt durch Leistung eines anderen oder in sonstiger Weise auf dessen Kosten erlangt hat. Während im Schadensersatzrecht der Ersatzpflichtige in der Regel durch die Schadensüberwälzung einen Nachteil erleidet, wird hier vom Erstattungspflichtigen nur die Herausgabe eines ungerechtfertigten Vermögensvorteils verlangt, und zwar nur, **solange** die **Bereicherung** noch **besteht** (§ 818 Abs. 3 BGB). Eine solche Ausgleichs-

---

1 Gesetz über die Entschädigung für Opfer von Gewalttaten in der Fassung vom 7. 1. 1985, BGBl. I, S. 1, mit späteren Änderungen.

leistung ist ohne Rücksicht darauf zumutbar, ob der Bereicherte die ungerechtfertigte Vermögenslage verursacht und zu vertreten hat oder nicht.

Das Bürgerliche Gesetzbuch macht aber das Bereicherungsrecht nicht zum Universalinstrument, mit dessen Hilfe alle möglichen ungerechtfertigten Vermögensverschiebungen in der Gesellschaft ausgeglichen werden könnten, sondern auch hier müssen die Voraussetzungen gesetzlicher Tatbestände erfüllt sein. Der Grundtatbestand des § 812 Abs. 1 Satz 1 BGB bestimmt: „Wer durch Leistung eines anderen oder in sonstiger Weise auf dessen Kosten etwas ohne rechtlichen Grund erlangt, ist ihm zur Herausgabe verpflichtet." Man kann darüber streiten, ob die Worte „auf Kosten" sich nur auf die unmittelbar vorhergehenden Worte „in sonstiger Weise" oder auch auf die Worte „durch Leistung" beziehen (dann setzt auch die „Leistungskondiktion" eine Vermögenseinbuße des Leistenden voraus). Aber wie auch immer man sich entscheidet: Es ergibt sich eine Zweiteilung in **„Leistungskondiktionen"** und **„Nichtleistungskondiktionen"**.

Die ersten setzen eine Bereicherung durch eine „Leistung" voraus, nämlich durch eine „bewußte und zweckgerichtete Mehrung fremden Vermögens" (BGHZ 58, 188). (Eine solche Leistung setzen auch die §§ 813, 814, 815, 817, 819 Abs. 2 und 820 Abs. 1 BGB voraus.) Nach § 812 Abs. 1 muß die Leistung „ohne rechtlichen Grund" erfolgt sein. Das ist nicht schon dann der Fall, wenn jemand einen unangemessen hohen Kaufpreis für eine Ware vereinbart und erhalten hat. Ohne rechtlichen Grund leistet der Käufer aber z.B. dann, wenn er den Kaufpreis versehentlich ein zweites Mal dem Verkäufer zahlt; denn zu dieser Zeit besteht keine Kaufpreisforderung mehr, die er noch erfüllen könnte. Der rechtliche Grund für eine Leistung fehlt auch dann, wenn das schuldrechtliche „Grundgeschäft", also z.B. der Kaufvertrag ungültig, aber das „abstrakte" Erfüllungsgeschäft, hier also die Kaufpreiszahlung, gleichwohl gültig ist.

Die Nichtleistungskondiktionen setzen voraus, daß jemand in sonstiger Weise etwas ohne rechtlichen Grund auf Kosten eines anderen erlangt hat. Dazu mögen hier zwei gesetzliche Beispiele genügen: Wer eine geliehene Sache einem gutgläubigen Dritten veräußert (§ 932 BGB), muß dem Verleiher, der dadurch sein Eigentum verloren hat, den Kaufpreis herausgeben (§ 816 Abs. 1 BGB). Und wer aus fremdem Leder Schuhe fertigt und dadurch Eigentum an diesen erwirbt (§ 950 BGB), muß dem früheren Eigentümer des Leders dieses vergüten (§ 951 Abs. 1 BGB).

Kapitel 8
# Das Eigentum

### a) Begriff und Inhalt des Eigentums

Das Eigentumsrecht im engeren Sinn sichert jemandem die ausschließliche Möglichkeit, Sachen zu nutzen und überhaupt mit ihnen nach Belieben zu verfahren, soweit nicht das Gesetz oder Rechte Dritter entgegenstehen (§ 903 BGB). Wie kann das Recht als Verhaltensregelung (Kap. 1c) die tatsächliche Verfügungsmacht über eine Sache gewährleisten? Indem es allen verbietet, dem Eigentümer die Sache wegzunehmen, sie ohne seine Zustimmung zu zerstören oder zu beschädigen oder ihn sonst im Genuß dieser Sache zu beeinträchtigen (§§ 823, 1004 BGB, 242, 246, 248b, 249, 303 StGB), kurz, indem es die Verfügungsmacht des Eigentümers gegen Störungen abschirmt.

Der Eigentümer ist auch ermächtigt, rechtlich über die Sache zu verfügen, insbesondere sie einem anderen zu übereignen. Solche rechtlichen Verfügungen verändern das eigentumsrechtliche Pflichtengefüge, wie schon dargelegt wurde (Kap. 1c).

Besitz, als rein tatsächliche Verfügungsmacht über eine Sache, kann es „vorrechtlich" geben. **Eigentum** als rechtlich gewährleistete Freiheit, wirtschaftliche Güter zu nutzen und über sie zu verfügen, ist **Ergebnis einer verbindlichen Verhaltensregelung**. Als solche ist es eine Schöpfung des Rechts, also ein Kulturprodukt. So sagt das Bundesverfassungsgericht mit Recht, daß „es keinen vorgegebenen und absoluten Begriff des Eigentums gibt und Inhalt und Funktion des Eigentums der Anpassung an die gesellschaftlichen und wirtschaftlichen Verhältnisse fähig und bedürftig sind" (BVerfGE 31, 240).

Grundform des Eigentums ist das **Eigentum an Sachen**, also an körperlichen Gegenständen; dies ist der Eigentumsbegriff des Bürgerlichen Gesetzbuches (§§ 90, 903 ff. BGB). In einem weiteren Sinn gibt es aber Eigentum auch an anderen Gütern. So gibt es **geistiges Eigentum**, nämlich ein ausschließliches Verfügungs- und

Verwertungsrecht an künstlerischen und wissenschaftlichen Werken, Erfindungen und anderen verwertbaren Ideen (Urheberrechtsgesetz, Kunsturhebergesetz, Geschmacksmustergesetz, Patentgesetz, Gebrauchsmustergesetz). Eigentum im Sinne der **verfassungsrechtlichen Eigentumsgarantie** und der damit korrespondierenden Enteignungsbestimmungen (Art. 14 GG) sind alle vermögenswerten privaten Rechte, darüber hinaus auch solche vermögenswerten öffentlich-rechtlichen Rechtspositionen, die jemand durch besondere Leistungen oder Opfer erworben hat, wie z.B. die erdienten Versorgungsansprüche der Berufssoldaten (BVerfGE 65, 147) und Rentenansprüche aus der Sozialversicherung, wenn sie auf nicht unerheblichen Eigenleistungen der Versicherten beruhen; daß man auch solche Ansprüche dem Eigentumsschutz der Verfassung unterstellt, rechtfertigt sich daraus, daß die große Mehrzahl der Bürger heute ihre **wirtschaftliche Existenzsicherung** weniger durch privates Sachvermögen als durch den Arbeitsertrag und die daran anknüpfenden Ansprüche zur Daseinsvorsorge erlangt (BVerfGE 69, 300 ff.).

### b) Kritiker und Verteidiger des Eigentums

Immer wieder hat man im Eigentum eine **Hauptquelle sozialer Mißstände** gesehen. *Platon* hielt es für eine Ursache der Selbstsucht. Im frühen Christentum fand sich eine prinzipielle Geringschätzung der irdischen Güter und (etwa bei *Ambrosius*) ein Zug zum Güterkommunismus. Kommunistische Anschauungen finden sich vor allem auch in den Utopien der frühen Neuzeit. In der „Utopia" von *Thomas Morus* erschien das Eigentum als Unterdrückungsinstrument und in *Campanellas* „Civitas solis" als die Quelle der Selbstsucht. Später hielt *Marx* das Privateigentum für das Instrument, sich das Arbeitsergebnis anderer Menschen anzueignen (Gesch Kap. 2b, 5c, 10, 18b).

Dem stehen Verteidiger des Eigentums gegenüber. *Aristoteles* wies darauf hin, daß das Bedürfnis, etwas sein eigen zu nennen, schon in der **menschlichen Natur** wurzelt (Gesch Kap. 3a). Auch führt der Güterkommunismus allzuleicht dazu, daß einer, der wenig tut, genau so viel oder gar noch mehr bekommt als ein anderer, der sich plagt und viel zuwege bringt, ein Bedenken, das sogar *Thomas Morus* anerkannte (Gesch Kap. 10a).

Nach *Fichte* soll das Eigentum es jedem ermöglichen, von seiner Arbeit zu leben. Doch habe der Staat nicht nur den Einzelnen in seinem Eigentum zu schützen, sondern „jedem erst das Seinige zu geben, ihn in sein Eigentum erst einzusetzen", jedem **ökonomisch eine Chance** zu geben, sich ein angenehmes Leben zu erarbeiten. Freilich solle jeder das ernten, was er selber aus dieser Chance gemacht hat (Gesch Kap. 17a). In dieser Forderung, jedem eine ökonomische Chance zuzuweisen, kündigt sich der Sozialstaat an. Dabei muß aber die Möglichkeit, sich durch eigene Arbeit etwas zu erwerben, zumal in der Industriegesellschaft, nicht gerade auf eigenes Sacheigentum gegründet sein. Später schrieb *Hegel*: Durch das Eigentum gebe die Person sich „eine äußere Sphäre ihrer Freiheit".[1] In ähnlicher Weise umschrieb das Bundesverfassungsgericht die Funktion der Eigentumsgarantie: Dieser kommt „zunächst die Aufgabe zu, dem Träger des Grundrechts durch Zubilligung und Sicherung von Herrschafts-, Nutzungs- und Verfügungsrechten einen **Freiheitsraum im vermögensrechtlichen Bereich** zu gewährleisten und ihm damit die Entfaltung und eigenverantwortliche Gestaltung des Lebens zu ermöglichen; insoweit steht sie in einem inneren Zusammenhang mit der Garantie der persönlichen Freiheit" (BVerfGE 31, 239). Insbesondere „Geld ist geprägte Freiheit" (BVerGE 97, 370 f.).

Die verfassungsrechtliche Garantie des Privateigentums (Art. 14 GG) gibt aber nicht nur den Einzelnen ein **subjektives Recht**. Sie gewährleistet auch die Einrichtung eines Privateigentums als **objektives Element der Gemeinschaftsordnung**. Nach diesem „institutionellen Grundrechtsverständnis" sichert das Privateigentum, zusammen mit der Vertragsfreiheit und der Berufsfreiheit, auch eine – durch Gesetze begrenzte – **Selbststeuerung** des Berufs- und Wirtschaftslebens. Auf diese Weise dient das Eigentum zusammen mit anderen „institutionellen Garantien" auch dazu, wichtige soziale Lebens- und Funktionsbereiche mit einer (durch Gesetze begrenzten) Fähigkeit zu privater Selbstgestaltung auszustatten und sie

---

1 *G. W. F. Hegel*, Grundlinien der Philosophie des Rechts, 1821, § 41.

einer umfassenden staatlichen Verfügungsmacht zu entziehen. Dadurch wirkt das Privateigentum auch einer totalitären Ausweitung der Staatsgewalt entgegen. (Andere individuelle und soziale Wirkungsbereiche werden z.B. durch Glaubens- und Religionsfreiheit, Meinungs-, Presse- und Rundfunkfreiheit, Versammlungs- und Vereinigungsfreiheit garantiert.)

Damit sind wichtige **Funktionen des Eigentums** sichtbar geworden: Es dient dem Rechtsfrieden, indem es jedem die vom Eigentumsrecht umfaßten Güter gewährleistet und dadurch der Begehrlichkeit der Mitmenschen wirksame Schranken setzt. Es trägt dazu bei, daß persönliche Leistung sich lohnt und gibt hierdurch einen Leistungsanreiz (eine Funktion, die durch eine zu weit getriebene Egalisierung der Güterverteilung gefährdet wird). Es bietet die materiellen Bedingungen für eine persönliche Freiheitsentfaltung, dient insbesondere dazu, Vorsorge und Vorrat für den persönlichen Lebensbedarf zu schaffen und gibt dadurch auch der persönlichen Selbständigkeit und dem individuellen Selbstvertrauen einen Rückhalt (je mehr hingegen der Einzelne auf staatliche Vorsorge und Versorgung angewiesen ist, desto abhängiger wird und fühlt er sich). Privateigentum setzt überhaupt der staatlichen Wirksamkeit Grenzen und trägt dazu bei, daß gesellschaftliche Interessenregelungen sich zu einem guten Teil in privater Selbstgestaltung vollziehen.

### c) Fragen der Vermögensregelung

Mit der Gewährleistung von Eigentum weist das Recht dem Einzelnen somit auch Chancen der Persönlichkeitsentfaltung zu – sei es als Unternehmer, Gutsbesitzer, Forstwirt oder auch nur als Hauseigentümer und Gartenbesitzer. Eigentumsregelung ist also auch ein **Regulativ persönlicher Freiheit**. Und wie sich für das Recht allgemein die Aufgabe stellt, die Freiheiten der Menschen angemessen gegeneinander abzugrenzen (Kap. 10b), so sind auch im Eigentumsrecht Freiheiten und Chancen der Menschen gerecht zu verteilen und gegeneinander abzugrenzen. Dies hat Bedeutung für die Bestimmung des Inhalts und der Grenzen des Eigentumsrechts, darüber hinaus auch für die Vermögenspolitik, die für eine gerechte Verteilung der Güter in einer Gemeinschaft zu sorgen hat.

Das Eigentum in seinem vollsten, der Persönlichkeitsentfaltung unentbehrlichsten Gehalt, nämlich das Eigentum an Dingen, die man selbst geschaffen, selbst gestaltet, mit eigener Wirksamkeit erfüllt hat, ist schon dadurch begrenzt, daß die menschliche Wirkungskraft Grenzen hat. Anders steht es mit Geld, abstrakten Beteiligungsrechten, geldwerten Forderungen, aber auch mit Sachen, die zur bloßen Kapitalanlage dienen. Diese Güter stellen nicht einen voll mit eigener Wirksamkeit ausgefüllten sachlichen Lebensbereich dar, sondern wirtschaftliche Macht oder, wie die Sprache sehr genau sagt, ein „Vermögen". Weil dieses beliebig angehäuft werden kann, besteht die Notwendigkeit einer **Vermögensregulierung**, die **auch eine Machtregulierung** ist, wie hier deutlich wird (allgemein zu diesem Problem Kap. 9a).

In der Tat ist schon frühzeitig auf die Notwendigkeit einer Vermögensbegrenzung hingewiesen worden. Ein starres Modell einer Vermögensregelung enthielt *Platons* Entwurf eines „Gesetzesstaates" (Gesch Kap. 2c). In diesem sollte der Grundbesitz gleichmäßig unter die Vollbürger verteilt werden. Eine Art Erbhofrecht sollte einerseits sichern, daß die Höfe nicht geteilt würden. Andererseits sollte der zulässige Vermögenserwerb begrenzt sein: Das maximale Vermögen sollte das Vierfache des normierten Grundvermögens nicht übersteigen dürfen. *Aristoteles* bejahte grundsätzlich das Privateigentum, fügte aber als Korrektiv die Forderung hinzu, dem Eigentum **das rechte Maß** zu geben. Der Einzelne sollte weder kümmerlich noch üppig, sondern mäßig leben, aber auch eine gewisse Freigebigkeit üben können (Gesch Kap. 3c).

Instrumente der Vermögensregelung liegen in einer Industriegesellschaft besonders im **Steuerrecht**: Die Erbschaftssteuer soll vor allem große, vom Erben nicht durch eigene Arbeit erworbene Vermögen zu einem Teil abschöpfen (Grenzen: Art. 14, 19 Abs. 2 GG). Daneben wirken insbesondere die Einkommens- und Körperschaftssteuer, die progressiv mit den Einkünften ansteigen, einer Vermögensanhäufung entgegen.

Die staatlichen Regulative kann man durch eine verständige **Tarifpolitik** ergänzen, die schon im Produktionsprozeß selber die Erträge ausgewogen verteilt. Die Schwierigkeit liegt hier darin, sowohl den produktiven Beitrag des Kapitals (also den Beitrag der zur Verfügung gestellten Produktionsmittel) als auch jenen der Arbeitsleistung angemessen in Rechnung zu stellen. Nur wenn man auch den produktiven Beitrag des Kapitals angemessen berücksichtigt, schafft man genügenden Anreiz – auch für die Arbeitnehmer – zwischen Konsumausweitung und Vermögensbildung zu wählen, also durch Konsumverzicht Anteile am Kapitalvermögen zu erwerben.

Man kann hierbei auch daran denken, die Arbeitnehmer zunehmend als „Industriegesellschafter" statt als bloße „Industrieuntertanen" am Produktionsprozeß zu beteiligen (Kap. 11c). Diesem Ziel kann man sich nähern, wenn die Arbeitnehmer durch Belegschaftsaktien und andere Formen des **„Investivlohnes"** selbst einen steigenden Anteil am Betriebskapital erwerben.

### d) Sozialbindung des Eigentums und Verantwortlichkeit für das Eigentum

Auch von den Fragen der Vermögensverteilung abgesehen, sind Eigentümerrechte, wie alle Freiheitsrechte, im Interesse der Mitbürger zu begrenzen und sozialverträglich auszugestalten, weil auch in dieser Hinsicht die Freiheit des einen regelmäßig auf Kosten der Freiheiten anderer geht.

Die Sozialbindung des Eigentums muß sich nach den Gefahren und Belästigungen bemessen, die von den Eigentumsobjekten ausgehen können, aber auch **nach der gesellschaftlichen und wirtschaftlichen Bedeutung**, die ihnen zukommt. So erfordert z.B. das große Industrie- und Bankenkapital wegen seines volkswirtschaftlichen Gewichtes und seiner sozialen Mächtigkeit ein höheres Maß an Kontrollen als ein gutbürgerliches Sparkonto. Ein Grundstück in der City hat siedlungs- und baurechtlich eine andere Funktion und muß anderen Regelungen unterliegen als ein Acker auf dem Lande. Kurz, je mehr bestimmte Eigentumsobjekte in sozialen Bezügen stehen und soziale Funktionen zu erfüllen haben, desto weiter reicht die Befugnis des Gesetzgebers, Inhalt und Schranken des Eigentums zu bestimmen (BVerfGE 50, 340 f.).

Einer weitgehenden Ausgestaltung bedarf die Sozialbindung an **Grundstücken** und Gebäuden; denn durch die Grundstücksnutzung und insbesondere durch die Bebauung werden die Gestalt der Städte und Ortschaften, das Landschaftsbild, der Zugang zu Erholungsgebieten, die Umwelt der Nachbarn, die Bausicherheit und andere Interessen berührt. Daß Grundstücke nur in staatlich geregelter Weise bebaut werden dürfen, ermöglicht es dem Staat und den Gemeinden, für eine geordnete städtebauliche Entwicklung zu sorgen, eine sozial gerechte Bodennutzung zu gewährleisten, eine menschenwürdige Umwelt zu sichern und die natürlichen Lebensgrundlagen zu schützen (§ 1 Abs. 5 des Baugesetzbuches). Eine Konkretisierung der Sozialbindung von Grundeigentum ist es auch, wenn Teile von Natur und Landschaft zu **Naturschutz**- oder Landschaftsschutzgebieten, zu National- oder Naturparks erklärt und auf diese Weise bestimmten Nutzungsbeschränkungen unterworfen werden, um die Leistungsfähigkeit des Naturhaushaltes, die Nutzungsfähigkeit der Naturgüter, die Pflanzen- und Tierwelt und die Vielfalt, Eigenart und Schönheit von Natur und Landschaft zu sichern (§§ 1, 12 ff. des Bundesnaturschutzgesetzes). Der Erhaltung des Waldbestandes und damit z.B. der lokalen Klimaregulierung dient es, wenn Forstgesetze das Abholzen von Wäldern verbieten oder von einer Genehmigung abhängig machen.

Die sozialen Funktionen des Eigentums verändern sich mit den gesellschaftlichen und wirtschaftlichen Verhältnissen. So haben etwa die Flüsse in einem Agrarland andere Funktionen als in einer Industriegesellschaft. Einem solchen Funktionswandel folgt auch ein Wandel der Sozialbindung.

Ein äußerster Punkt der Sozialpflichtigkeit wird dann erreicht, wenn die staatliche Gemeinschaft durch **Enteignung** privates Eigentum ganz in Anspruch nimmt. In einem Rechtsstaat ist dies aber nur gegen Entschädigung (Kap. 7c) zulässig und nur dann, wenn die Grundsätze der Verhältnismäßigkeit und des Übermaßverbotes gewahrt werden.

Der tatsächlichen Verfügungsmacht, welche regelmäßig mit dem Eigentum verbunden ist, korrespondieren **Verantwortlichkeiten**: Wenn von einer Sache eine Störung oder eine Gefahr ausgeht, so trifft die **öffentlichrechtliche** Verantwortlichkeit („Zustandshaftung") dafür den Eigentümer, daneben aber auch den Inhaber der bloß tatsächlichen Gewalt; dieser ist allein verantwortlich, wenn er

– z.B. als Dieb oder Finder – die Gewalt über die Sache ausübt, ohne daß der Eigentümer darauf Einfluß nehmen kann. Daneben besteht eine **privatrechtliche** Verantwortlichkeit. So haftet der Eigenbesitzer (im Regelfall also wiederum der Eigentümer) eines Grundstückes für Schäden, die anderen aus dem mangelhaften Zustand eines Gebäudes entstehen, das auf dem Grundstück steht (§ 836 BGB). Der Tierhalter, nämlich jemand, der ein Tier im eigenen Interesse in seinem Hausstand oder Wirtschaftsbetrieb verwendet (also wieder zumeist der Eigentümer), haftet für Schäden, die das Tier anrichtet (§ 833 BGB).

# Kapitel 9

# Die Verteilung der Macht

## a) Machtverteilung als umfassendes Problem

In größeren Körperschaften und Verbänden muß die überwiegende Zahl der Geschäfte einer begrenzten Zahl von Personen übertragen werden, da nicht alle Mitglieder ständig an einem Ort versammelt bleiben können, um über alle laufenden Geschäfte der Gemeinschaft fortwährend gemeinsam zu beraten und zu beschließen. Auch besäßen gar nicht alle die Sachkunde und die Arbeitskraft, um an der Besorgung aller Geschäfte des Staates, einer Stadt, einer Religionsgemeinschaft, einer Gewerkschaft oder einer Aktiengesellschaft verständig mitwirken zu können. Die Vielzahl der Geschäfte macht darüber hinaus eine Arbeitsteilung unter den Funktionären notwendig, im Staat etwa eine Verteilung auf Parlament, Regierung, nachgeordnete Bürokratien und Gerichte. Diese durch Koordinierungsregeln geordnete **Arbeitsteilung** (Kap. 2a) sichert im Staat einer kleinen Zahl von Politikern einen leitenden Einfluß in den Bereichen der Exekutive und der Legislative. Auch in allen anderen großen Organisationen führen Erfordernisse der Arbeitsteilung, besondere Fähigkeiten, Charisma und persönliches Durchsetzungsvermögen dazu, daß sich Macht in den Händen einer **Verbandsoligarchie** oder günstigenfalls einer Verbandselite sammelt.

Doch, wie *Montesquieu* zutreffend schrieb, ist es eine „ständige Erfahrung, daß jeder, der Macht besitzt, zu ihrem Mißbrauch neigt: Er geht so weit, bis er auf Schranken stößt". Will man den Mißbrauch verhindern, muß man die **Verbandsmacht teilen und kontrollieren**, also eine Mehrzahl von Gewalten einander gegenüberstellen und gegeneinander ins Spiel bringen. Um „eine gemäßigte Regierung zu bilden, muß man die verschiedenen Gewalten miteinander verbinden, sie ordnen, mäßigen" und so zum Einsatz bringen, daß die eine der anderen widerstehen kann (Gesch Kap. 14b). Oder, wie *John Locke* bündig sagte, man muß die politische Gewalt dadurch ausbalancieren, daß man verschiedene Teile von ihr in verschiedene Hände legt (Gesch Kap. 14a). Auch der **Zugang zur Macht** muß so geregelt werden, daß einem Machtmißbrauch so weit wie möglich vorgebeugt wird. Nach demokratischem Verständnis muß er zudem, ebenso wie die Machtausübung, im Staat demokratisch **legitimiert** sein (Kap. 11). Probleme der Machtverteilung und des legitimen Zugangs zur Macht tauchen aber nicht nur im Staat, sondern auch etwa in Gemeinden, in Interessentenverbänden, Vereinen und Handelsgesellschaften auf. So spiegelt z.b. im Aktienrecht die jeweilige Ausgestaltung der Rechtsstellungen von Vorstand, Aufsichtsrat und Hauptversammlung eine bestimmte Konzeption von einer angemessenen Verteilung der Unternehmensmacht, von Regelungsbefugnissen und Kontrollrechten wider.

Nicht nur innerhalb der Organisationen, sondern auch zwischen ihnen, insbesondere **zwischen den sozialen Gewalten**, müssen **Machtbalancen** geschaffen werden. Andernfalls droht die Gefahr eines gesamtgesellschaftlich unausgewogenen Interessenausgleichs und auf dem Gebiet der Massenkommunikation die Gefahr einer Überrepräsentation partikulärer Meinungen und einer einseitigen Manipulation der öffentlichen Meinung. So muß in der pluralistischen Industriegesellschaft für eine Ausgewogenheit der Verbands-, Wirtschafts- und Medienmacht gesorgt werden. Durch ein Anti-Trust- und **Kartellrecht** ist zu gewährleisten, daß sich auch innerhalb eines Wirtschaftszweiges und auch in den Massenmedien keine Monopole bilden, sondern ein hinreichender Wettbewerb erhalten bleibt (Gesetz gegen Wettbewerbsbeschränkungen). Macht kann sich auch durch die Ansammlung sehr großer Vermögen bilden. Hier kann dann die Vermögensregelung zur Machtregulierung beitragen (Kap. 8c).

Auch im internationalen Bereich, also jenseits der einzelstaatlichen Gemeinschaften, existiert ein Bedürfnis nach Machtbalance, um den einzelnen Staaten einen angemessenen Handlungs- und Entscheidungsspielraum zu erhalten. Der Gedanke einer ausgewogenen **Verteilung der internationalen Macht** findet sich schon bei *Polybios* (Gesch Kap. 4d). Als Prinzip des europäischen Gleichgewichts hat dieser Gedanke die europäische Außenpolitik beherrscht. Nach dem zweiten Weltkrieg globalisierte sich das Thema zu der Forderung nach einer ausgewogenen Verteilung der Macht in der Welt, wenigstens aber nach einem Polyzentrismus der Weltmächte, damit auch mittleren und kleineren Staaten die Sorge genommen wird, zum bloßen Objekt der Dispositionen einer Supermacht zu werden.

### b) Gewaltenteilung im Staat

Innerhalb der Staatsorganisation stellt sich vor allem die Frage nach der Verteilung der rechtlichen Regelungsbefugnisse, d.h. der Kompetenzen, auf Grund deren rechtsverbindliche Ermächtigungen, Verhaltensnormen und individuelle Rechtspflichten begründet werden.

Eine **Arbeitsteilung** der Kompetenzen ist schon aus praktischen Gründen nicht zu umgehen: Weder können alle alles regeln (allzuständige unmittelbare Demokratie), noch kann einer alles regeln; denn eine moderne Industriegesellschaft in allen ihren Verzweigungen kann weder von einem Einzelnen noch von einer Versammlung aller durchschaut und beherrscht werden.

Vor allem aber soll durch eine geordnete Verteilung und Koordination der Kompetenzen ein System der **Gewaltenkontrolle** hergestellt werden: Es sollen sich verschiedene Machtfaktoren gegenseitig hemmen, beeinflussen und ausbalancieren, damit ein System gemäßigter und kontrollierter Machtausübung entsteht. Diese Forderung ist schon in der Antike aufgetaucht (Gesch Kap. 4d). Sie wurde dann im England des 17. Jahrhunderts im Gefolge der Auseinandersetzungen zwischen König und Parlament von *John Locke* neu formuliert und später von *Montesquieu* verbreitet (s.o. a).

Die Kompetenzengliederung knüpft an die sachlichen Unterschiede der Regelungsaufgaben an. Dabei ist die funktionelle Unterscheidung mit der organisatorischen Gliederung zu verbinden oder, wie das Grundgesetz (Art. 20 Abs. 2) sagt: Es müssen **für die Funktionen** der Gesetzgebung, der Verwaltung und der Rechtsprechung **„besondere Organe"** bestehen, deren jedes sich grundsätzlich auf die Funktionen zu beschränken hat, die ihm zugeordnet sind. In Deutschland sind das auf Bundesebene die Bundesregierung (Art. 62 ff. GG), der Bundestag (Art. 38 ff. GG), der Bundesrat (Art. 50 ff. GG), der Bundespräsident (Art. 54 ff. GG), das Bundesverfassungsgericht und die übrigen Bundesgerichte (Art. 92 ff. GG).

Hinzu kommen noch die Staatsorgane der Länder nach den Landesverfassungen.

Aufgabe der **Bundesregierung** ist es, die grundsätzlichen Ziele der Staatstätigkeit laufend zu erarbeiten, insbesondere aufeinander abzustimmen, zu präzisieren und erforderlichenfalls auch umzuorientieren. Auf Bundesebene sind das besonders Ziele der Außen- und Verteidigungspolitik, der Wirtschafts- und Sozialpolitik (z.B. der Konjunkturpolitik, der Vermögensbildung und der Mitbestimmung der Arbeitnehmer), der Kulturpolitik und der Sicherheitspolitik. Ferner hat sie die juristischen und politischen Mittel zur Verwirklichung dieser Ziele zu untersuchen und insbesondere in Gestalt von Gesetzentwürfen bereitzustellen; dem entspricht es, daß sie weitaus die meisten Gesetzesvorlagen beim Bundestag einbringt (Art. 76 Abs. 1 GG). Die Tätigkeit der Regierung reicht somit weit über das Gebiet der bloßen „Exekutive", das heißt des Gesetzesvollzuges, hinaus und erstreckt sich vor allem auch auf die Vorbereitung künftiger Gesetze und auf die Anbahnung völkerrechtlicher Verträge. In diesen Funktionen – insbesondere bei der Vorbereitung von Gesetzentwürfen – bildet die Ministerialbürokratie durch ihr fachliches Eigengewicht (das trotz des Weisungsrechts der Minister besteht) faktisch eine mehr oder minder eigenständige Größe im Kräftespiel.

Aufgabe der **Gesetzgebungsorgane** ist es, über die Gesetze und über wichtige völkerrechtliche Verträge (Art. 59 Abs. 2 GG), die der Verwirklichung der rechtspolitischen Ziele dienen, zu beraten und zu beschließen. Die Gesetze bestimmen allgemeinverbindlich in allgemeinen Begriffen, wer was zu tun oder zu unterlassen hat oder wer welche Befugnisse hat. Die Bundesgesetze werden vom Bundestag beschlossen (Art. 77 Abs. 1 GG). Soweit das Grundgesetz die Zustimmung des Bundesrates verlangt, ist auch dessen zustimmender Beschluß erforderlich; in diesen Fällen wirkt also der Bundesrat als echte Zweite Kammer. In den anderen Fällen kann der Bundesrat gegen ein vom Bundestag beschlossenes Gesetz zunächst den Vermittlungsausschuß anrufen und später Einspruch einlegen (Art. 77 Abs. 2 und 3 GG).

Der Regierungsfunktion stehen die Aufgaben des **Bundespräsidenten** nahe. Er hat den Staat meinungsbildend zu repräsentieren, ihn völkerrechtlich zu vertreten, Gesetzen den zur Rechtsgültigkeit notwendigen, förmlichen Abschluß zu geben, wichtige Staatsorgane zu ernennen und in Krisensituationen als Reservegewalt zur Verfügung zu stehen. Er fertigt die vom Parlament beschlossenen Gesetze aus und verkündet sie (Art. 82 Abs. 1 Satz 1 GG) und unterzeichnet die Ratifikationsurkunden völkerrechtlicher Verträge (Art. 59 Abs. 1 Satz 2 GG). Hierbei hat er zu prüfen, ob die von ihm ausgefertigten Akte verfassungsgemäß zustande gekommen sind. Mit der gleichen Obsorge hat er auch die Bestellung wichtiger Staatsorgane, die anderweitig schon maßgebend vorbereitet ist, zu vollziehen: nämlich den von ihm vorgeschlagenen und vom Bundestag gewählten Bundeskanzler (Art. 63 Abs. 1 GG) und auf dessen Vorschlag die Bundesminister zu ernennen (Art. 63 Abs. 2 Satz 2, 64 Abs. 1 GG). Auch ernennt er die Bundesrichter, die Bundesbeamten, die Offiziere und Unteroffiziere, soweit gesetzlich nichts anderes bestimmt ist und er diese Befugnis nicht auf andere Behörden übertragen hat (Art. 60 Abs. 1 und 3 GG); dabei ist die Ernennung der Bundesverfassungsrichter und der Bundesrichter durch die vorangegangene Richterwahl vorbestimmt (Art. 94 und 95 GG). Darüber hinaus steht der Bundespräsident als Reservegewalt für Krisensituationen zur Verfügung: Er entscheidet über die vorzeitige Auflösung des Bundestages, erstens, wenn die reguläre Kanzlerwahl fehlschlägt (Art. 63 Abs. 4 GG), zweitens auf Vorschlag des amtierenden Bundeskanzlers, wenn der Bundestag diesem nicht das erbetene Vertrauen ausspricht (Art. 68 Abs. 1 GG). Schließlich kann er unter bestimmten Bedingungen den Gesetzgebungsnotstand erklären (Art. 81 Abs. 1 GG).

Aufgabe der **Rechtsprechung** ist es, im Streitfall verbindlich festzustellen, ob dem Recht zuwidergehandelt wurde, und in diesem Falle zur Erfüllung der Rechtspflicht oder zur Wiedergutmachung oder zu einer Strafe zu verurteilen oder einen rechtswidrigen Akt aufzuheben (Kap. 2b, 10a). Die Gerichtsbarkeit ist nach Arten der Rechtsstreitigkeiten (für die verschiedene „Rechtswege" eröffnet sind) in verschiedene Gerichtszweige gegliedert und in Landes- und Bundesgerichte unterteilt (Art. 92, 95, 96 GG). Als „Hüter der Verfassung" wirken das Bundesverfassungsgericht (Art. 93, 94 GG) und auf Landesebene die Verfassungsgerichte der Länder.

Aufgabe der **Verwaltung** ist es, solche konkreten öffentlichen Aufgaben zu erfüllen, die weder Funktion der Regierung noch der Rechtsprechung sind. Rechtsprechung stellt um der Rechtsverwirklichung selbst willen fest, was Rechtens ist. Die Verwaltung hingegen macht auch dort, wo sie streng gesetzesgebunden verfährt, vom Recht einen „instrumentellen" Gebrauch, indem sie zur Erfüllung einer öffentlichen Aufgabe (die sich nicht in der bloßen Rechtsgewährleistung erschöpft) auf Grund und im Rahmen der Gesetze handelt, z.B. eine gesetzlich vorgeschriebene Sozialhilfeleistung gewährt. Zudem beschränken sich Verwaltungstätigkeiten nicht auf den Gesetzesvollzug, sofern man darunter ein gesetzlich bis ins einzelne vorgeschriebenes Handeln versteht. Vielfach räumt das Gesetz den Verwaltungsbehörden einen Ermessensspielraum ein, innerhalb dessen sie nach Zweckmäßigkeitserwägungen handeln und entscheiden können. Mitunter werden ihnen nur bestimmte Aufgaben zugewiesen, und es bleibt ihnen überlassen, diese mit gesetzlich erlaubten Mitteln in der Weise zu erfüllen, die ihnen als zweckmäßig erscheint. Beispiele bieten die Planung, der Bau und die Unterhaltung von öffentlichen Straßen und Wegen oder von Sportstätten, die wirtschaftspolitischen Dispositionen der Wirtschaftsministerien oder die Tätigkeit der öffentlichen Bibliotheken und Museen.

Die in dieser Weise vom Grundgesetz vorgesehene Gewaltenteilung ist mit der **„Einheit der Staatsgewalt"** vereinbar. Diese verlangt, daß der Staat eine rechtlich organisierte Wirkungseinheit darstellt. Dazu genügt es, daß die Regelungsbefugnisse nach einem rechtlichen Schema gegliedert und miteinander koordiniert sind. Die Verfügung über die Instrumente rechtlicher Verhaltenssteuerung muß also insoweit zentralisiert und arbeitsteilig geordnet bleiben, daß widersprechende Normen und Entscheidungen vermieden werden und daß die verschiedenen Regelungsfunktionen sich gegenseitig ergänzen und auf diese Weise ein einheitliches Wirkungsgefüge bilden (Kap. 2a).

In der parlamentarischen Demokratie wurde – zumal im Verhältnis zwischen Legislative und Exekutive – das klassische **Gewaltenteilungsschema** von Anfang an **nicht rigoros** verwirklicht. Zum Beispiel nehmen Behörden der Exekutive durch den Erlaß von Rechtsverordnungen Aufgaben der Gesetzgebung im materiellen Sinn wahr (Art. 80 GG). Andererseits beschließt das Parlament über den Haushaltsplan, erhebt ihn dadurch zum Gesetz im (lediglich) formellen Sinn (Art. 110 Abs. 2 GG) und beeinflußt auf diese Weise von der finanziellen Seite her tiefgreifend das Verwaltungshandeln, indem es dieses „am goldenen Zügel" führt. Diese und andere Grenzüberschreitungen lassen aber ein System wirksamer wechselseitiger Kontrollen bestehen. Sehr viel mehr wird die Gewaltenkontrolle durch den parteilichen „Übergriff" in Frage gestellt: dadurch nämlich, daß die stärkste Partei (oder Parteienkoalition) sowohl die Regierung (und damit die Spitze der Exekutive) als auch die Parlamentsmehrheit stellt und beide koordiniert. Die einsatzbereite parlamentarische Kontrolle liegt bei der Opposition, die aber als Minderheit nur begrenzte Wirkungsmöglichkeiten hat, insbesondere ein Recht, Auskünfte von der Bundesregierung zu verlangen (Interpellationsrecht, vgl. Art. 43 Abs. 1 GG) und das Recht, eine verfassungsgerichtliche Normenkontrolle zu beantragen, sofern ein Drittel der Bundestagsmitglieder dafür gewonnen werden kann (Art. 93 Abs. 1 Nr. 2 GG).

### c) Die Machtverteilung im Bundesstaat

Im Bundesstaat verteilt die gesamtstaatliche Verfassung die Gesamtheit der staatlichen Aufgaben und Befugnisse zwischen den Zentralorganen des Bundes („Bundesorganen") und den Ländern, und zwar so, daß keine dieser Gewalten eine uneingeschränkte Regelungsmacht (eine umfassende Kompetenzenhoheit) erhält. Die Bundesorgane teilen sich also mit den Länderorganen in alle die Kompetenzen, die im Einheitsstaat einer einheitlichen staatlichen Organisation zufallen (BVerfGE 13, 77). Bundes- und Länderorgane üben eine die Bürger unmittelbar erfassende Staatsgewalt aus, und zwar auf je den Aufgabengebieten, welche die gesamtstaatliche Verfassung ihnen zuweist: durch die Verteilung der Gesetzgebungs-, Verwaltungs- und Rechtsprechungskompetenzen zwischen den Zentralorganen und den Ländern. Die Kompetenzen der Zentralorgane und der Gliedstaaten ergänzen sich lückenlos; denn die Länder sind überall dort zuständig, wo das Grundgesetz keine Zuständigkeit des Bundes begründet (Art. 30, 70 Abs. 1, 83 Abs. 1 GG).

In der **Gesetzgebung** waren die Kompetenzen zwischen Bund und Ländern anders zu verteilen als in der Verwaltung. In jener spricht oft das Bedürfnis nach Rechtseinheit für eine Zentralisation. Insbesondere Handel und Verkehr werden erleichtert, wenn im ganzen Bundesgebiet gleiches Recht gilt. Daher liegt der **Schwerpunkt** der Gesetzgebungskompetenzen **beim Bund** – trotz der Vermutung für die Länderzuständigkeit (Art. 70 Abs. 1 GG): Die Kompetenzkataloge der Art. 73–75 und 105 GG weisen dem Bund weitreichende Zuständigkeiten zu. Dabei unterscheidet das Grundgesetz erstens Gegenstände, für die ausschließlich der Bund zuständig ist (Art. 73 GG, 105 Abs. 1 GG), zweitens Gegenstände, für welche die Länder nur zuständig sind, solange und soweit der Bund von seiner Gesetzgebungsbefugnis keinen Gebrauch macht („konkurrierende Gesetzgebung", Art. 72, 74, 74a, 105 Abs. 2 GG) – diese Kompetenzen hat der Bund weitgehend ausgeschöpft –, drittens Gegenstände, für die der Bund Rahmengesetze erlassen kann (Art. 75 GG), nämlich Vorschriften, die einen Gegenstand nicht in allen Einzelheiten regeln, sondern den Ländern einen Bereich zur selbständigen Regelung überlassen, die also ausfüllungsfähig und ausfüllungsbedürftig sind, viertens – als Randerscheinung – Gegenstände einer Grundsatzgesetzgebung des Bundes (Art. 91a Abs. 2 Satz 2, 109 Abs. 3 GG) und fünftens Gegenstände, für welche die Länder ausschließlich zuständig sind, nämlich alle Materien, die das Grundgesetz nicht dem Bund zuweist (Art. 70 GG), wie z.B. das Gemeinderecht, das Polizeirecht und das Schulrecht.

Anders als bei der Gesetzgebung geht es in der **Verwaltung** um die Regelung konkreter Sachverhalte. Diese kann eine dezentralisierte Verwaltung sachgerechter und lebensnäher beurteilen als eine zentralisierte Verwaltung, die mit zunehmender Zentralisierung unpersönlicher, spezialisierter und schematischer wird. Daher liegt der **Schwerpunkt** der Verwaltungskompetenzen **bei den Ländern**, die dann ihrerseits im größtmöglichen Umfang eine Dekonzentration der staatlichen Verwaltung durchführen oder auch im Wege der Dezentralisation Verwaltungsaufgaben auf selbständige Verwaltungsträger übertragen sollten (d).

Auch für die Verteilung der Verwaltungskompetenzen zwischen Bund und Ländern ist davon auszugehen, daß die Länder zuständig sind, soweit das Grundgesetz nichts anderes bestimmt oder zuläßt (Art. 30 GG). So sind sie selbstverständlich zuständig für den Vollzug der Landesgesetze. Aber auch die Bundesgesetze haben sie zu vollziehen, und zwar als eigene Angelegenheit, soweit die Verfassung nichts anderes vorsieht (Art. 83, 84 GG). Für manche Gegenstände ist vorgeschrieben (z.b. Art. 90 Abs. 2, 108 Abs. 3 GG) oder zugelassen (z.B Art. 87c, 87d Abs. 2 GG), daß die Länder Bundesgesetze „im Auftrag des Bundes" vollziehen – nur hier hat der Bund eine Fachaufsicht über die Länder (Art. 85 GG). Schließlich ist für manche Bereiche ein Bundesvollzug von Bundesgesetzen und die Wahrnehmung sonstiger Verwaltungsaufgaben durch den Bund selbst vorgesehen (Art. 86 ff. und 108 Abs. 1 GG).

In einem Bundesstaat ist die **Finanzordnung** eine Kernfrage der politischen Machtverteilung. Das Maß der gliedstaatlichen Handlungsfähigkeit und Autonomie hängt weitgehend vom Grad der finanziellen Autarkie ab. Daher stärkt oder schwächt die Finanzordnung den Bund oder die Länder, je nachdem, wie sie die Staatseinkünfte und die Verfügungsmacht über diese zwischen Bund und Ländern verteilt.

Bei dieser Verteilung ist von der Aufteilung der Staatsaufgaben auszugehen: **Aufgabenlast und Ausgabenlast** hängen zusammen. Entsprechend der Ausgabenlast ist der Zugang zu den wesentlichen Finanzquellen zwischen Bund und Ländern aufzuteilen. Dabei ist zu unterscheiden zwischen der Verteilung der Kompetenzen zur **Steuergesetzgebung** (Art. 105 GG) und der Verteilung der Steuererträge. Im Interesse der Rechtseinheit kann die Gesetzgebungskompetenz auch für solche Steuern beim Bund liegen, deren Erträge den Ländern zufließen. Diese **Steuererträge** sind zweifach aufzuteilen: Erstens ist zu bestimmen, welche Anteile am Steueraufkommen einerseits dem Bund und andererseits der Gesamtheit der Länder zustehen (Art. 106 GG). Zweitens ist zu bestimmen, wie der Anteil, der den Ländern insgesamt zusteht, zwischen diesen aufgeteilt wird; diese horizontale Verteilung des Steueraufkommens geschieht nach einem gesetzlichen Verteilungsschlüssel (Art. 107 Abs. 1 GG); zusätzlich erhalten finanzschwache Länder Ausgleichsansprüche gegen finanzstarke Länder; zudem kann vorgesehen werden, daß der Bund leistungsschwachen Ländern Ergänzungszuweisungen gewährt (Art. 107 Abs. 2 GG). Bei dieser **horizontalen Aufteilung** des Steueraufkommens besteht ein Spannungsverhältnis zwischen den Forderungen nach **Gleichwertigkeit der Lebensverhältnisse** im Bundesgebiet einerseits und nach **Eigenverantwortlichkeit der Länder** andererseits: Die Kritiker eines weitgehenden Finanzausgleichs machen geltend, daß jedes Land in föderativer Selbstverantwortung die Früchte der von ihm betriebenen Wirtschafts- und Finanzpolitik und der Tüchtigkeit seiner Bürger ernten solle. Auch in dieser Hinsicht solle das Volk für sich und die von ihm gewählten Regierungen einstehen. Dies solle insbesondere den wirtschafts- und finanzpolitischen Wettbewerb zwischen den Länder beleben.

Die **Kritik** an der gegenwärtigen Gestalt deutscher Bundesstaatlichkeit gilt zum einen der Frage, ob und in welcher Weise den Ländern im Verhältnis zum Bund ein höheres Maß an **finanzieller Autarkie** einzuräumen und auch der horizontale Finanzausgleich neu zu ordnen sei. Zum andern bedarf das Zusammenwirken von **Bundestag und Bundesrat in der Gesetzgebung** (b) der Überprüfung. Die Erfahrung hat gezeigt, daß die Bundesgesetzgebung oft unsachgemäß erschwert wird, wenn Bundestag und Bundesrat von unterschiedlichen Parteimehrheiten beherrscht werden. Zweck der Verfassung war es, das parteipolitische Kräftespiel im Bundestag durch ein föderatives Kräftespiel im Bundesrat zu ergänzen. Statt der föderativen Kontrolle entsteht indessen nicht selten eine parteipolitisch motivierte Blockade. Ein Mittel, solche Blockaden zu vermindern, wäre eine starke Begrenzung der zustimmungsbedürftigen Gesetze. Dieser Eingriff in die Mitwirkungsrechte der Länder wäre durch eine Ausweitung ihrer eigenen Gesetzgebungskompetenzen auszugleichen. Dies wäre ein Weg, die Entscheidungsfähigkeit des Gesetzgebers zu stärken und klar zurechenbare legislatorische Verantwortlichkeiten zu schaffen.

### d) Zentralisation und Dezentralisation

Bei der Frage der Zentralisation oder Dezentralisation im weiteren Sinn geht es um eine mehr oder minder straffe Zusammenfassung der Regelungs- und Entscheidungskompetenzen.

Von **Dezentralisation** (im engeren Sinn) spricht man dann, wenn Kompetenzen auf selbständige, rechtsfähige Institutionen (Gemeinden, Landkreise, Universitäten und andere rechtsfähige Körperschaften, Anstalten oder Stiftungen) zur Selbstverwaltung übertragen werden (Kap. 2a).

Davon zu unterscheiden ist die Aufteilung von Regelungsaufgaben innerhalb der Staatsorganisation selbst; hier spricht man von **Dekonzentration**, und zwar von **horizontaler** Dekonzentration, wenn Aufgaben zwischen gleichgeordneten Behörden (z.b. zwischen mehreren Fachministerien) aufgeteilt werden. So werden die Regierungsaufgaben des Bundes nach Sachgebieten (Finanzen, Wirtschaft, Bildung und Wissenschaft, Verteidigung usw.) auf die verschiedenen Ministerien verteilt. Jeder Bundesminister führt seinen Geschäftsbereich selbständig und in eigener Verantwortung (Ressortprinzip); dabei hat er sich aber innerhalb der vom Bundeskanzler gegebenen Richtlinien der Politik zu halten (Art. 65 GG). In ähnlicher Weise werden in den Ländern die Regierungsaufgaben aufgeteilt. In **vertikaler** Ordnung pflegen in den Ländern die Verwaltungskompetenzen auf Ministerien, Mittel- und Unterbehörden verteilt zu sein (für die Stadtstaaten gelten Besonderheiten), wobei die höheren Instanzen über die nachgeordneten die Rechtsaufsicht und die Fachaufsicht (Lenkung und Kontrolle der Zweckmäßigkeit des Handelns) ausüben (Kap. 2a).

In der **Gerichtsbarkeit** gibt es außer dem Bundesverfassungsgericht und den Landesverfassungsgerichten mehrere Gerichtszweige: Ordentliche Gerichte, Arbeitsgerichte, Verwaltungsgerichte, Finanzgerichte und Sozialgerichte. Diese sind je für bestimmte Arten von Rechtsstreitigkeiten zuständig (vgl. Art. 94, 95, 96 GG) und – von den Verfassungsgerichten abgesehen – in mehrere Instanzen gegliedert (Kap. 2a).

**Sinn und Zweck** von Dezentralisation und vertikaler Dekonzentation ist es, Regelungsaufgaben in überschaubare Bereiche aufzuteilen und eine sachnahe Behandlung zu ermöglichen, die den Bedürfnissen und Besonderheiten des Einzelfalles gerecht wird. Dezentralisation im engeren Sinn dient auch dazu, der Machtkonzentration und der Nivellierungstendenz entgegenzuwirken, die zentralistischen Systemen eigen sind. Sie entspricht ferner dem Subsidiaritätsprinzip und damit dem Verlangen, den Einzelnen eine größtmögliche Mitwirkung an der Gestaltung ihres engeren Lebensbereichs zu gewähren (Kap. 2a). Demgemäß findet sich schon bei *Aristoteles* und später bei *Althusius* die Forderung, im Gemeinwesen eine organisatorische Vielfalt zu erhalten (Gesch Kap. 2a, 13a). In diesen Erwägungen wurzeln auch die modernen Ideen des Föderalismus und der Selbstverwaltung.

Allerdings sind der Dezentralisation **Grenzen** gesetzt. Wo die Interessen an Rechtseinheit und gleichgerichteter Verwaltung im Vordergrund stehen, ist eine zentralisierte Regelung vorzuziehen. Diese empfiehlt sich mitunter auch durch eine größere Übersichtlichkeit und Zügigkeit, eine höhere Sachverständigkeit und mitunter auch durch eine distanzierte Unbefangenheit der Sachbehandlung. So muß in weitem Umfang die Rechtssetzung, aber z.B. auch die Wirtschafts-, die Verkehrs- und die Verteidigungspolitik und die Bekämpfung der organisierten Verbrechen in der Kompetenz von Zentralinstanzen liegen. Man wird verständigerweise also nach einem organisatorischen Modell suchen, das einen optimalen Kompromiß zwischen den Vorzügen politischer und administrativer Dezentralisation einerseits und den Vorteilen zentralisierter Regelung andererseits herstellt.

### e) Freiräume für autonome Regelungen

Die Gestalt eines Staates bemißt sich nicht nur danach, wie seine eigenen Regelungsfunktionen aufgeteilt sind. Von Bedeutung ist es auch, in welchem Ausmaß die sozialen Lebensprozesse überhaupt einer staatlichen Regelung unterworfen werden und in welchem Maße sie einer Selbstregelung durch Privatautonomie oder durch autonome Körperschaften und Institutionen überlassen bleiben (s.o. c und Kap. 3b). Hierbei fällt nicht nur das Maß rechtsverbindlicher Regelungen, sondern auch sonstiger staatlicher Ingerenzen – etwa durch Wirtschafts- oder Meinungslenkung – ins Gewicht. All dies entscheidet darüber, in welchem Grade ein Staat totalitäre oder liberale Züge trägt.

So war z.B. der absolutistische Polizeistaat mit seinem Wirtschaftsdirigismus (Merkantilismus), seiner Einmischung in den religiösen

Bereich, ja selbst in Eßgewohnheiten, Kleidersitten und andere höchstpersönliche Angelegenheiten ein Staat mit stark totalitären Zügen. Ein Gegenbeispiel bot der liberalistische Staat des 19. Jahrhunderts. Er gewährte der privaten Freiheit und Selbstregelung, zumal in Wirtschaft und Arbeitsleben, einen so großen Spielraum, daß der sich selbst überlassene Egoismus sich bis zum sozialen Mißstand entfalten konnte. Hier wird die Aufgabe sichtbar, immer das richtige Maß staatlicher Regelung und Vorsorge zu finden, damit diese der Selbstsucht und Zügellosigkeit der Einzelnen ausreichende Grenzen setzen, ohne zugleich den Staat zum großen Vormund der Bürger werden zu lassen.

Kapitel 10

# Schranken der Macht

## a) Prinzipien der Rechtsstaatlichkeit

Schon bei der Frage der Machtverteilung (Kap. 9) hat sich die Aufgabe gestellt, die staatlichen Regelungsfunktionen so zu ordnen, daß einem Machtmißbrauch vorgebeugt wird und einer totalitären Ausweitung der Staatsgewalt Grenzen gesetzt werden. Die Geschichte hat gelehrt, daß nur eine rechtsstaatlich strukturierte Demokratie auch eine freiheitliche Demokratie ist:

Die Ergebnisse politischer Entscheidungsprozesse sind wesentlich mitbestimmt von den institutionellen Strukturen, in denen sie sich vollziehen, und von den Entscheidungsregeln, nach denen sie getroffen werden. Rechtsstaatliches Handeln muß sich mit machtbegrenzenden Rollenverteilungen nach rechtsstaatlichen Spielregeln vollziehen. Da sie die Formen staatlichen Handelns betreffen, werden sie auch als Grundsätze der **formellen Rechtsstaatlichkeit** bezeichnet. Zu ihnen gehören die schon besprochenen Prinzipien der Gewaltenteilung, nach denen die staatlichen Regelungsfunktionen durch Kompetenzzuweisungen, -begrenzungen und -verschränkungen aufgegliedert und koordiniert werden. Zu ihnen zählen aber auch Verfahrensregeln außerhalb der Gewaltenteilung.

Der Verhütung von Machtmißbrauch und staatlicher Willkür dienen ferner die Verfassungsbindung der gesamten Staatsgewalt und die Gesetzmäßigkeit von Verwaltung und Rechtsprechung (beide Bindungen kann man schon zur formellen Rechtsstaatlichkeit zählen), das Prinzip der Rechtssicherheit, der Grundsatz der Verhältnismäßigkeit, das Übermaßverbot und die Grundrechtsgarantien. Dies ist im einzelnen auszuführen:

Alle Staatsgewalt ist **an die Verfassung gebunden** (Art. 20 Abs. 3 GG). Auch die Gesetzgebung darf also keiner Verfassungsnorm widersprechen. Gesetze dürfen nur auf Grund und in den Grenzen einer verfassungsrechtlichen Ermächtigung und nur in dem von der Verfassung vorgesehenen Verfahren erlassen werden und müssen inhaltlich mit dieser in Einklang stehen.

Die vollziehende Gewalt und die Rechtsprechung sind darüber hinaus **an Gesetz und Recht gebunden** (Art. 20 Abs. 3 GG).

Das bedeutet zum einen, daß Akte der Gerichtsbarkeit und der vollziehenden Gewalt nicht gegen „Gesetz und Recht" verstoßen dürfen (**Vorrang des Gesetzes**). „Gesetze" im Sinn dieser Verfassungsbestimmung sind nicht nur formelle Gesetze, sondern auch alle von diesen abgeleiteten, geschriebenen Rechtssätze (auch Rechtsverordnungen und Satzungen, kurz alles gesetzte Recht). Zum „Recht" gehören auch die von der allgemeinen Rechtsüberzeugung getragenen, ungeschriebenen Normen des Gewohnheitsrechts und überhaupt die „fundierten allgemeinen Gerechtigkeitsvorstellungen der Gemeinschaft" (vgl. BVerfGE 34, 287).

Die Gesetzesbindung bedeutet zum anderen, daß bestimmte Akte der vollziehenden Gewalt und der Gerichtsbarkeit nur auf Grund einer gesetzlichen Ermächtigung ergehen dürfen (**Vorbehalt des Gesetzes**; vgl. auch Kap. 2a). Dieser Vorbehalt sollte nach traditioneller Ansicht, die in die konstitutionelle Monarchie zurückreicht, für Eingriffe in Freiheit und Eigentum gelten. Durch die **„Wesentlichkeitstheorie"** des Bundesverfassungsgerichts wurde der Vorbehalt erweitert: Nach ihr muß der reguläre Gesetzgeber – in der Bundesrepublik also das Parlament – die wesentlichen normativen Entscheidungen selbst treffen und darf sie nicht einem ermächtigten Exekutivorgan überlassen (BVerfGE 40, 248 ff.; 49, 126 f.). Solche Entscheidungen sollen also aus einem durchschaubaren Gesetzgebungsverfahren hervorgehen, an dem auch die parlamentarische Opposition beteiligt ist und in dem auch die Betroffenen und die Öffentlichkeit ihre Auffassungen darlegen können (BVerfGE 95, 307 f.). Dem Vorbehalt des Gesetzes liegen somit neben rechtsstaatlichen auch demokratische Legitimationsvorstellungen zugrunde.

Fraglich ist aber schon, welches „wesentliche" Entscheidungen sind (BVerfGE 47, 78 f.). Auch muß nach dem Grundsatz der Gewaltenteilung den Organen der Regierung und Verwaltung (die gleichfalls eine demokratische Legitimation besitzen) eine angemessene Kompetenz zu situationsgerechten, eigenverantwortlichen Entscheidungen verbleiben (BVerfGE 49, 124 ff.; 68, 86 f.). Wie also sind die Kompetenzen des Parlaments und der Exekutive gegeneinander abzugrenzen? Einen wichtigen Anhalt bietet die Verfassung: Wo sie Grundrechtseinschränkungen und Regelungen der Grundrechtsausübung zuläßt, behält sie diese dem Gesetzgeber vor. Das Bundesverfassungsgericht schließt daraus, daß alle Regelungen, die für die Verwirklichung der Grundrechte wesentlich sind, inhaltlich möglichst genau vom Gesetzgeber bestimmt sein müssen, und zwar um so genauer, je fundamentaler das betroffene Grundrecht ist: um so enger müssen also Beurteilungsspielräume (BVerfGE 83, 142, 145), Verwaltungsermessen (BVerfGE 49, 126f., 145f.) und prüfungsrechtliche Bewertungsspielräume (BVerfGE 84, 53f.) bemessen sein. Andererseits muß etwa für eine kommunale Entwicklungsplanung oder für Regierungshandlungen im Bereich der Außenpolitik ein weiter Spielraum für eigenverantwortliches Entscheiden bleiben. Manch anderes ist umstritten, so etwa die Frage, ob und in welchem Umfang der Vorbehalt des Gesetzes auch für leistungsgewährende Verwaltungstätigkeiten gelten solle.[1]

An Akten, die dem Vorbehalt unterliegen, müssen also zwei Institutionen beteiligt sein: eine rechtssetzende, welche die Ermächtigungsgrundlage für eine Gerichtsentscheidung oder ein Verwaltungshandeln schafft, und eine rechtsanwendende, die (insbesondere) einen Eingriff konkretisiert. In diesem Zusammenspiel von Normsetzung und Vollzug verwirklicht sich erstens ein Stück Gewaltenteilung und Machtbegrenzung, zweitens dient das Handeln nach allgemeinen Gesetzen einer zuverlässigen Nachprüfbarkeit der Einzelakte (etwa durch ein Verwaltungsgericht oder durch eine höhere Instanz), drittens dient es der Gleichbehandlung der Betroffenen und viertens der Voraussehbarkeit des Verwaltungshandelns oder der gerichtlichen Entscheidungen.

Damit ist auch schon ein anderes, wesentliches Element der Rechtsstaatlichkeit in den Blick gekommen: das Prinzip der **Rechtssicherheit**. Dieses verlangt ganz allgemein, berechenbare und verläßliche Grundlagen für staatliches und privates Handeln („Orientierungsgewißheit") zu schaffen. Insbesondere staatliche Akte sollen verläßliche Dispositionsgrundlagen liefern. Nicht nur die erwähnten Eingriffsermächtigungen, sondern womöglich auch die anderen Normen, nach denen sich staatliches Handeln vollzieht, sollten um

---

1 Näher dazu *R. Zippelius*, Allgemeine Staatslehre, 13. Aufl. 1999, § 30 III.

der Voraussehbarkeit willen so genau wie möglich bestimmt sein. – Doch sind diesem Bestreben **Grenzen** gesetzt, und zwar schon wegen der unvermeidlichen Unschärfe der Rechtsbegriffe; dann aber auch wegen der Unentbehrlichkeit des Verwaltungsermessens: Die Vielgestaltigkeit des Lebens gestattet es nicht, durch vorweggenommene generelle Normen alles genau, vollständig und richtig zu regeln. Deshalb überträgt der Gesetzgeber – für näher bestimmte Tatbestände, unter Festlegung des Regelungszweckes und genereller Ermessensgrenzen – der zuständigen Verwaltungsbehörde die Befugnis, die konkrete Entscheidung unter Berücksichtigung der Umstände des Einzelfalles zu treffen.

Das Bedürfnis nach Rechtssicherheit, d.h. nach verläßlichen Dispositionsgrundlagen, betrifft auch den Bestand der **Rechtsnormen** selbst: Diese dürfen **nicht rückwirkend zum Nachteil der Bürger geändert** werden. Hieraus leitet sich das Verbot rückwirkender Strafgesetze ab (nulla poena sine lege praevia, Art. 103 Abs. 2 GG), ferner das Verbot sonstiger Gesetze (z.B. von Steuergesetzen), die rückwirkend solche Eingriffe vornehmen oder vorsehen, mit denen der Betroffene zum Zeitpunkt seines Handelns bei verständiger Vorausschau nicht zu rechnen brauchte (BVerfGE 30, 285 f.; 45, 167 f.).

Um bei Eingriffen der Staatsgewalt soviel Freiheit wie möglich zu erhalten und die Interessenbefriedigung in der Gemeinschaft zu optimieren, gelten ferner der Grundsatz der Verhältnismäßigkeit und das Übermaßverbot. Der Grundsatz der **Verhältnismäßigkeit** verlangt, daß Eingriff und Nutzen in einem angemessenen Verhältnis zueinander stehen; das ist nur dann der Fall, wenn der Nutzen den Nachteil überwiegt. Hierbei sind nicht nur abstrakt Gewicht und Zahl der gegeneinander abzuwägenden Interessen zu berücksichtigen, sondern auch der Grad der Wahrscheinlichkeit und die Intensität, mit der sie gefördert oder beeinträchtigt werden. Daß nur ein geeigneter Eingriff Nutzen bringt und daher verhältnismäßig sein kann, versteht sich von selbst. – Stehen verschiedene Eingriffe zur Wahl, von denen jeder durch den Nutzen aufgewogen würde, so verlangt das **Übermaßverbot**, unter ihnen diejenige Maßnahme zu wählen, die entgegenstehende Interessen am wenigsten beeinträchtigt, das erforderliche Maß einer Interessenbeeinträchtigung also nicht überschreitet; daher ist der schonendste Eingriff und insbesondere das schonendste Mittel zu wählen; wo es möglich ist, den erstrebten Zweck zu erreichen, ohne andere Interessen zu schmälern, ist diese Lösung zu bevorzugen.

Schließlich soll eine umfassende **Kontrolle durch unabhängige Gerichte** gewährleisten, daß die öffentliche Gewalt nach Gesetz und Recht ausgeübt wird, wobei im modernen Rechtsstaat ein Verfassungsgericht die Rolle eines Hüters der Verfassung übernimmt.

So steht nach dem Bonner Grundgesetz der Weg zu den Gerichten jedem offen, der glaubt, durch die öffentliche Gewalt in seinen Rechten verletzt zu sein (Art. 19 Abs. 4 GG). Einen umfassenden Schutz **gegen rechtswidrige Verwaltungsakte** (oder die Unterlassung gebotener Verwaltungsakte) gewähren hierbei die Verwaltungs-, Finanz- und Sozialgerichte. Soweit gegen solche Akte kein anderer Rechtsweg eröffnet ist (§ 40 Abs. 1 VwGO), kann gegen sie Anfechtungsklage (oder bei rechtswidriger Unterlassung Verpflichtungsklage) zum **Verwaltungsgericht** erhoben werden (§ 42 Abs. 1 VwGO), nachdem zuvor gegen den Verwaltungsakt erfolglos Widerspruch eingelegt wurde (§§ 68 ff. VwGO). Über Klagen gegen Bescheide in Steuer- und Zollsachen (oder auf Erlaß eines Verwaltungsaktes) entscheiden die **Finanzgerichte**, regelmäßig nach erfolglos vorangegangenem außergerichtlichem Vorverfahren (§§ 33, 40, 44 der Finanzgerichtsordnung; § 347 der Abgabenordnung).[2] Die **Sozialgerichte** entscheiden über öffentlich-rechtliche Streitigkeiten in Angelegenheiten der Sozialversicherung, der Arbeitslosenversicherung und der übrigen Aufgaben der Bundesanstalt für Arbeit, über öffentlich-rechtliche Streitigkeiten, die auf Grund des Lohnfortzahlungsgesetzes entstehen, und über Streitigkeiten aus der Kriegsopferversorgung (§ 51 des Sozialgerichtsgesetzes). Wer durch pflichtwidrige Ausübung eines öffentlichen Amtes einen Schaden erlitten hat, kann vor dem **ordentlichen Gericht** auf Schadensersatz klagen (Art. 34 GG). Wer durch eine Enteignung einen Nachteil erfahren hat, kann vor dem ordentlichen Gericht einen Entschädigungsanspruch geltend machen (Art. 14 Abs. 3 GG). Überdies kann jeder, der durch einen Akt der öffentlichen Gewalt in einem seiner Grundrechte oder in bestimmten anderen verfassungs-

---

2  Aktuelle Steuertexte, C. H. Beck, 1998.

mäßigen Rechten verletzt wurde, Verfassungsbeschwerde zum **Bundesverfassungsgericht** erheben (Art. 93 Abs. 1 Nr. 4a GG), nachdem er erfolglos einen zulässigen Rechtsweg erschöpft hat (§ 90 Abs. 2 BVerfGG), oder er kann sich nach Landesverfassungsrecht an ein Landesverfassungsgericht wenden.

Auch die **Rechtssetzung** steht **unter gerichtlichen Kontrollen**: Jeder Richter hat Rechtsnormen, von denen die Entscheidung eines bei ihm anhängigen Rechtsstreites abhängt, auf ihre Vereinbarkeit mit übergeordnetem Recht zu prüfen. Kommt er zu dem Ergebnis, daß eine Rechtsvorschrift zu einer höherrangigen Rechtsnorm in Widerspruch steht und daher ungültig ist, so hat er sie nicht anzuwenden **(richterliches Prüfungsrecht)**. Für förmliche Bundes- und Landesgesetze, die nach dem Inkrafttreten des Grundgesetzes (oder dem Eintritt von Ländern in dessen Geltungsbereich) erlassen wurden, haben aber das Bundesverfassungsgericht oder ein Landesverfassungsgericht das „**Verwerfungsmonopol**". In diesen Fällen muß der Richter die Entscheidung des zuständigen Verfassungsgerichts über die Ungültigkeit der Rechtsnorm einholen (Art. 100 Abs. 1 GG, §§ 80 ff. BVerfGG). Die Frage der Verfassungswidrigkeit von Rechtsnormen kann auch **außerhalb gerichtlicher Verfahren** aufgegriffen und dem Bundesverfassungsgericht zur Überprüfung vorgelegt werden (abstrakte Normenkontrolle, Art. 93 Abs. 1 Nrn. 2 und 2a GG, §§ 76 ff. BVerfGG). Auch Gegenstand einer Verfassungsbeschwerde können verfassungswidrige Gesetze sein (vgl. § 93 Abs. 3, § 95 Abs. 3 BVerfGG).

Freilich: **Quis custodiet custodes?** Wer wird die Wächter überwachen? Wer garantiert, daß in letzter Instanz das Bundesverfassungsgericht in seinen Entscheidungen die Menschenwürde verteidigt, die Einhaltung der Verhältnismäßigkeit und des Übermaßverbotes streng überwacht und dort, wo Freiheitsrechte miteinander konkurrieren – wie z.B. die Meinungsfreiheit des einen und der Ehrenschutz des anderen –, deren Grenzen richtig bestimmt? Die Verlegenheit, in die diese Fragen führen, zeigt, daß eine freiheitliche Staatsordnung sich nicht restlos durch institutionelle Techniken allein garantieren läßt, sondern auch von der Verständigkeit und dem Gerechtigkeitssinn derer abhängt, die am politischen Prozeß mitwirken oder ihn kontrollieren.

## b) Grundrechte

Als rechtsstaatliche Maßstäbe und Schranken für Gesetzgebung, Verwaltung und Rechtsprechung dienen in besonderem Maße die Grundrechtsgarantien.

Der Gedanke, daß die Staatsgewalt unübersteigbare Schranken an individuellen Grundrechten finde, hat mehrere Wurzeln: in einer „Verbürgerlichung" von Freiheitsprivilegien, in einer Individualisierung religiöser Achtungsansprüche und insgesamt im emanzipatorischen Individualismus der frühen Neuzeit.

Ein wichtiger Schritt zur Sicherung individueller Freiheit war der **Schutz vor willkürlicher Verhaftung**. Bekanntes Beispiel einer solchen Gewährleistung war Art. 39 der englischen Magna Carta Libertatum vom 15. Juni 1215. In deren Art. 39 hieß es: „Kein freier Mann soll verhaftet oder eingekerkert oder um seinen Besitz gebracht oder gerichtet oder verbannt oder sonst in irgendeiner Weise zugrunde gerichtet werden. Und wir werden nicht gegen ihn vorgehen oder gegen ihn vorgehen lassen, es sei denn auf Grund eines gesetzlichen Urteiles von Standesgenossen und gemäß dem Gesetze des Landes." „Freie" waren damals aber nur die Freisassen, nicht auch die große Masse der villains. Die Vorstellung ständischer Freiheitsrechte wurde damals grundsätzlich nicht verlassen, auch wenn Angehörigen bestimmter nichtfeudaler Schichten eine Rechtssicherung gewährt wurde. Doch in den späteren Jahrhunderten wurde der Begriff des freien Mannes in einem weiteren Sinne ausgelegt. So wurden insbesondere in der Petition of Right von 1628, im Gewande bloßer Bestätigung, die alten Rechte nun für alle Engländer in Anspruch genommen. Ausdrücklich wurde dann durch die Habeas-Corpus-Akte von 1679 allgemein der Schutz vor willkürlichen Verhaftungen verbrieft.

Sodann gab es seit alter Zeit für die politische Gewalt unübersteigbare Schranken gegenüber der Religion. Unstreitig hatte auch der christliche Herrscher die Gebote der Religion und die Institution der Kirche zu respektieren. Zu Beginn der Neuzeit wurde dieser Anspruch „individualisiert", und zwar durch die Forderung der Einzelnen, in ihrer **religiösen Gewissensentscheidung** nicht vom Staat bevormundet zu werden. Angekündigt hatte sich dieser Anspruch auf individuelle Kompetenz in dem Aufbegehren Luthers gegen die päpstliche Lehrautorität und in dem Anspruch darauf, daß jeder sich nach eigener gewissenhafter Prüfung für das rechte Verständnis von Gottes Wort entscheide. Es war folgerichtig, daß dieser Anspruch bald auch gegenüber der Staatsgewalt erhoben wurde. Besonders nachdrücklich geschah das durch die Hugenotten in Frankreich und durch die Calvinisten in den Niederlanden. Dieser Anspruch spielte bald darauf im englischen Bürgerkrieg des 17. Jahrhunderts eine wichtige Rolle. Hier machte sich die republikanisch-demokratische Partei der Leveller daran, einen Verfassungsvertrag – das **„Agreement of the People"** – zu entwerfen (1647). Darin stand, daß Religionsangelegenheiten und die Art und Weise, Gott zu verehren, keiner weltlichen Gewalt anvertraut sein sollten (Art. IV 1). Damit war die Idee individueller Grundrechte geboren: daß es eine prinzipiell unantastbare Individualsphäre gebe, die der Staat zu achten habe.

Wohl blieb das Agreement ein bloßer Entwurf. Doch ist es ein denkwürdiges Dokument revolutionären Vorstellungswandels. Dieser betraf nicht nur die Religionsfreiheit. Nicht minder wichtig war, daß man sich hier anschickte, politische Autorität auf eine Vereinbarung der Bürger zu gründen. Man erweiterte also den Anspruch auf Selbstbestimmung vom religiösen auf den weltlichen Bereich. So lief neben dem Weg zur Glaubensfreiheit eine zweite Spur her, die vom Gottesgnadentum zur Demokratie führte: Herrschaftsgewalt sollte vom Volk legitimiert und auf einen **Herrschaftsvertrag** gegründet sein. Und eben darin fand man eine weitere Begründung der Grundrechtsidee. *John Locke* schrieb, eine politische Gemeinschaft entstehe dadurch, daß eine Anzahl von Menschen „einwilligt, eine einzige Gemeinschaft oder eine Regierung zu bilden"; die Staatsgewalt sei nur „die vereinigte Gewalt aller Mitglieder der Gesellschaft, die man der gesetzgebenden Person oder Versammlung übertragen" habe. Niemand könne aber der Gemeinschaft eine Gewalt übertragen, die er von Natur aus selbst nicht besitze, insbesondere keine willkürliche Gewalt über das Leben oder den Besitz anderer Menschen. Also könne auch die Gemeinschaft diese Gewalt nicht haben (Gesch Kap. 14a). An diese Überlegungen erinnert heute noch die Wendung von den „unveräußerlichen" Menschenrechten (Art. 1 Abs. 2 GG).

Frühe Grundrechtskodifikationen finden sich in der **Bill of Rights of Virginia** von **1776** und in den Verfassungen anderer nordamerikanischer Teilstaaten, später auch in den Ergänzungsartikeln (Amendments) zur Verfassung der Vereinigten Staaten von Amerika und in der französischen **Erklärung der Menschen- und Bürgerrechte** von **1789**.

Die großen Parolen der Französischen Revolution „**Freiheit, Gleichheit, Brüderlichkeit**" begegnen uns wieder, wenn wir die Grundrechte in Freiheitsrechte und Gleichheitsrechte einteilen. Die „Brüderlichkeit" ist heute im Gedanken der Sozialstaatlichkeit zur Entfaltung gelangt und hat hierbei auch das Verständnis von Freiheit und Gleichheit beeinflußt.

Das Ideal **freier Entfaltung der Persönlichkeit** hat eine ehrwürdige Tradition. Höchster Zweck des politischen Gemeinwesens sei es, die Anlagen der Menschen zu geistiger und charakterlicher Tüchtigkeit zur Entfaltung zu bringen, lehrte *Aristoteles* (Gesch Kap. 3a). Daß die Persönlichkeit sich frei bilden und entfalten solle, war in der Neuzeit Programm des Liberalismus und des deutschen Idealismus. Das Bonner Grundgesetz gewährleistet ein allgemeines Recht auf freie Entfaltung der Persönlichkeit (Art. 2 Abs. 1 GG). Wichtige Felder der Persönlichkeitsentfaltung werden zudem durch eine Reihe **spezieller Freiheitsgarantien** gesichert: insbesondere durch die Gewährleistung der Glaubens-, Gewissens- und Bekenntnisfreiheit (Art. 4 GG), der Freizügigkeit (Art. 11 GG), der Berufsfreiheit (Art. 12 GG) und des Eigentums (Art. 14 GG), das gleichfalls eine Bedingung individueller Entfaltung ist (Kap. 8b). Diese speziellen Freiheitsgarantien gehen nach einer allgemeinen Konkurrenzregel (lex specialis derogat legi generali) der allgemeinen Freiheitsgewährleistung vor.

Will **liberale Freiheit** einen privaten Bereich von staatlicher Einmischung freihalten, um Spielraum für eine ungehinderte individuelle Entfaltung zu gewinnen, so erstrebt **demokratische Freiheit** eine aktive Teilhabe an der politischen Willensbildung. Manche Freiheitsrechte enthalten neben der liberalen auch eine demokratische Komponente: Es sind Grundrechte, die mit der individuellen Entfaltungsfreiheit zugleich das „Vorfeld" politischer Willensbildung sichern: so insbesondere die Meinungs- und Pressefreiheit (Art. 5

Abs. 1 GG), die Versammlungsfreiheit (Art. 8 GG) und die Vereinigungsfreiheit (Art. 9 GG).

Über eine bloße Garantie tätiger Selbstentfaltung reicht das Recht
auf Achtung der **Menschenwürde** (Art. 1 Abs. 1 GG) hinaus. In
ihm steckt auch der Anspruch auf eine Privatsphäre, in die man sich
ungestört zurückziehen kann, in der man in Frieden gelassen wird
und auch nicht jedes Wort „auf die Goldwaage legen" muß. Mit dem
tief verwurzelten Bedürfnis nach einem solchen Bereich hängt die
Unverletzlichkeit der Wohnung (Art. 13 GG) und des Brief- und
Postgeheimnisses (Art. 10 GG) zusammen. Eine mit der Menschenwürde unvereinbare Zudringlichkeit wäre auch die schrankenlose,
allseitige Erfassung der persönlichen Verhältnisse, die den Bürger
zum „gläsernen Menschen" machte, eine Gefahr, die im Zeitalter
elektronischer Datenverarbeitung deutlich hervortritt und durch Datenschutz abzuwehren ist. Auch ein Diskriminierungsverbot, also
das Gleichbehandlungsgebot, ist im Kern in der Menschenwürdegarantie angelegt.

Der Grundsatz der **Gleichbehandlung** (Art. 3 GG) ist nicht nur ein
objektives Prinzip der Gerechtigkeit. Aus ihm ergeben sich auch
Menschenrechte, etwa ein durchsetzbares Recht auf Gleichbehandlung von Mann und Frau, und demokratische Rechte, vor allem ein
Recht auf gleichberechtigte Teilnahme an Wahlen (Art. 38 Abs. 1
GG) und das Recht jedes Deutschen, in jedem Land die gleichen
staatsbürgerlichen Rechte zu besitzen und ausschließlich nach seiner Eignung, Befähigung und fachlichen Leistung gleichen Zugang
zu jedem öffentlichen Amte zu haben (Art. 33 Abs. 1–3 GG). Auch
dies sind Rechte, die durch Verfassungsbeschwerde eingefordert
werden können (Art. 93 Abs. 1 Nr. 4a GG).

Freiheits- und Gleichheitsrechte sind nicht rein formal zu verstehen.
Sie erschöpfen sich nicht darin, daß sie Millionären und Stadtstrei-
chern die gleiche Freiheit gewähren, schnelle Autos zu kaufen und
auf öffentlichen Bänken zu nächtigen, sondern sie haben auch „materielle", **sozialstaatliche Komponenten**: Freiheit verlangt auch
danach, daß wir über die faktischen Bedingungen der Persönlichkeitsentfaltung verfügen, etwa Zugang zu Bildungseinrichtungen
haben. Auch dem Gleichheitsgrundsatz genügt nicht eine bloß for-
male, rein rechtliche Gleichstellung. Vielmehr enthält er auch einen

Auftrag zu faktischer Angleichung. So lag die Forderung nahe, Grundrechte sollten auch Ansprüche auf positive Leistungen des Staates gewähren.

Andererseits entstanden Zweifel, ob der Auftrag des Staates, für die faktischen Bedingungen der Persönlichkeitsentfaltung und für soziale Gerechtigkeit zu sorgen, sich kurzerhand in einen Katalog „**sozialer Grundrechte**" übersetzen läßt: Wenn zum Beispiel unter dem Titel sozialer Grundrechte eine rechtliche Verbürgung von Arbeitsplatz, angemessener Wohnung oder anderer sozialstaatlicher Leistungen verlangt wird, so wird hierbei übersehen, daß systemgerecht nur solche staatlichen Leistungen rechtlich verbürgt werden können, die staatlicher Verfügungsmacht unterliegen. Ein einklagbares Recht auf Wohnung setzt daher staatliche Wohnungsbewirtschaftung, ein einklagbares Recht auf einen Arbeitsplatz staatliche Verfügungsmacht über die Arbeitsplätze voraus. Wer solche Rechte verlangt, denkt also eine sozialistische Zentralverwaltungswirtschaft, d.h. eine Zwangswirtschaft mit. Ein freiheitlicher Staat kann in solchen Fragen nur in begrenztem Umfang fördernd und lenkend einwirken. Überhaupt hängen Art und Maß der Leistungen, die der Staat beitragen kann, um den Einzelnen die faktischen Grundlagen ihrer Entfaltung zu sichern, vom jeweiligen Stand der gesellschaftlichen und wirtschaftlichen Entwicklung ab, vom Wandel der Bedürfnisse ebenso wie von den Mitteln, die dem Staat zur Verfügung stehen. Eine **situationsabhängige Sozialpolitik** läßt sich aber **nicht** in ein **starres Schema verfassungsrechtlich festgelegter**, einklagbarer **Ansprüche** übersetzen. Grundrechte können hier nur mehr oder minder präzise Ziele vorgeben. Im einzelnen müssen aber Wahlmöglichkeiten, zumal eine Wahl der Präferenzen und der einzusetzenden Mittel offengehalten werden und in die Kompetenz und Verantwortung des einfachen Gesetzgebers und der Verwaltung gestellt bleiben. Wo aber der Sozialstaat Güter und Leistungen, etwa in Gestalt von Bildungseinrichtungen, zur Verfügung stellt, gibt der Grundsatz der Gleichbehandlung allen unter gleichen Umständen (Kap. 4b) das Recht, daran teilzuhaben.

Das Problem der Grundrechte ist schließlich noch von einer anderen Seite zu betrachten: Es geht bei ihnen nicht nur um die Gewährleistung individueller Freiheit gegenüber der „Staatsgewalt", sondern nicht zuletzt auch um eine **Abgrenzung der Freiheiten zwischen den Einzelnen** selbst. Denn in einer Gemeinschaft gehen die Freiheiten des einen immer auf Kosten der Freiheiten anderer. Daher müssen die Schranken der individuellen Freiheiten auch im wechselseitigen Verhältnis der Bürger bestimmt werden: So findet die freie Entfaltung der Persönlichkeit eine Grenze insbesondere an den Rechten anderer (Art. 2 Abs. 1 GG), bei der Ausgestaltung des Eigentumsrechts ist zugleich dessen Sozialbindung zu regeln (Art. 14 Abs. 1 und 2 GG; s.o. Kap. 3a, 8d), und die Meinungs- und Pressefreiheit muß eine Grenze finden an der Gewährleistung der Ehre, der Privat- und Intimsphäre und anderer schutzwürdiger Interessen Dritter (Art. 5 Abs. 1 und 2 GG).

Diese **Wechselbezüglichkeit individueller Freiheiten** kam exemplarisch in Artikel 4 der französischen Erklärung der Menschen- und Bürgerrechte von 1789 zum Ausdruck: „Die Freiheit besteht darin, alles tun zu können, was einem anderen nicht schadet. Also hat die Ausübung der natürlichen Rechte jedes Menschen keine anderen Grenzen als jene, die den übrigen Gliedern der Gesellschaft den Genuß dieser nämlichen Rechte sichern. Diese Grenzen können nur durch das Gesetz bestimmt werden." Und *Kant* meinte schlechthin, das Recht sei „die Einschränkung der Freiheit eines jeden auf die Bedingung ihrer Zusammenstimmung mit der Freiheit von jedermann, insofern diese nach einem allgemeinen Gesetze möglich ist."[3] Einfacher gesagt: Das Recht hat die Freiheiten der Menschen nach allgemeinen Gesetzen gemeinverträglich gegeneinander abzugrenzen.

Auf solche Weise kommt auch der Grundrechtsschutz im Verhältnis zwischen den Bürgern – die **„drittschützende" Wirkung der Grundrechte** – mittelbar oder unmittelbar zur Wirkung. Mittelbar geschieht das durch solche Gesetze, die grundrechtlich gewährleistete Freiheiten und Güter – wie Leben, Gesundheit, Ehre und Freiheit von Zwang – schützen (so etwa die §§ 211 ff., 223 ff., 185 ff. 177, 234 ff. StGB). Hier bleiben die Grundrechtsgarantien hinter den Normen des einfachen Rechts gleichsam „latent". Auch bei der

---

3 *I. Kant*, Über den Gemeinspruch: Das mag in der Theorie richtig sein, taugt aber nicht für die Praxis, 1793, Abschn II.

Auslegung der Gesetze sind die Wertentscheidungen und der Schutzauftrag der Grundrechte zur Wirkung zu bringen (BVerfGE 7, 205 ff.; 73, 269). Wo eine „mittelbare" – d.h. durch Gesetze und Gesetzesauslegung vermittelte – Drittwirkung aber unzureichend ausgestaltet ist, wie das im Falle des allgemeinen Persönlichkeitsrechts zutraf, können Grundrechte auch im Verhältnis der Bürger untereinander unmittelbar zur Geltung kommen (BGHZ 13, 338; 24, 76 ff.). Der Staat, der ursprünglich als Adressat der Freiheitsansprüche gedacht war, erscheint so auch als Regulator und Wächter der Freiheit: Er hat die Freiheiten der Bürger gegeneinander abzugrenzen – und hierbei die Grenzen einzuhalten, welche die Grundrechte seiner eigenen Regelungsmacht setzen.

Doch ist auch der Umstand in Rechnung zu stellen, daß sich die Stellung des Bürgers zum Staat wesentlich von der Stellung des Bürgers zum Bürger unterscheidet: Dort ist eine mit einseitiger Regelungsmacht ausgestattete Institution dem Bürger übergeordnet, hier herrscht grundsätzlich Gleichordnung und Privatautonomie. Wo aber die Einzelnen privatautonom über ihre Rechte verfügen und Bindungen eingehen, ist dieses **Selbstbestimmungsrecht** weitgehend **zu respektieren** und der Grundrechtsschutz im gleichen Maße zurückzuziehen: Wo jemand frei an der Ausgestaltung seiner Rechtsbeziehungen mitwirkt, gebietet es gerade die Achtung seiner Privatautonomie und Würde, ihn grundsätzlich an den Bindungen festzuhalten, die er freiwillig eingeht. Wenn aber die freie Selbstbestimmung etwa durch die faktische Überlegenheit eines Vertragspartners eingeschränkt ist und dadurch die Gefahr besteht, daß die Interessenregelung zugunsten des potenten Vertragspartners in unbilliger Weise verschoben wird, kann es geboten sein, ein hierdurch gefährdetes Grundrecht auch bei Verträgen zur Geltung zu bringen (BVerfGE 81, 254 ff.; 89, 232 ff.).

Damit die Staatsgewalt der Freiheit das rechte Maß geben kann, stehen manche Grundrechte unter einem **Einschränkungs- oder Regelungsvorbehalt**. Doch darf der Gesetzgeber auch diese Rechte nicht in ihrem **Wesensgehalt** antasten (Art. 19 Abs. 2 GG). Die entscheidende Frage bleibt, was als „Wesensgehalt" begriffen wird: Vor allem darf die Menschenwürde, und damit auch der Menschenwürdegehalt der einzelnen Grundrechte, nicht berührt werden, selbst durch Verfassungsrevision nicht (Art. 1, 79 Abs. 3 GG). Doch auch dieser Satz führt mitunter in schwer zu lösende Abgrenzungsfragen und Aporien, etwa dann, wenn der Schutz der Menschenwürde eines zu lebenslänglicher Freiheitsstrafe verurteilten Mörders zurückstehen muß, um Leben und Würde möglicher neuer Opfer zu schützen (Kap. 13a). Auch der Grundsatz der **Verhältnismäßigkeit** und das **Übermaßverbot** (a) sind zu beachten, wenn Grundrechte durch Gesetz beschränkt oder durch Auslegung präzisiert werden.

# Kapitel 11

# Führung und Mitbestimmung

## a) Angewiesenheit auf Zustimmung

Nicht nur in der Demokratie gilt der Satz, daß alle Macht über Menschen vom Gehorsam der Machtunterworfenen lebt, sei dieser freiwillig oder erzwungen. Kein Einzelner verfügt jedoch über die Mittel, solchen Gehorsam gegen den Willen eines ganzen Volkes zu erzwingen. Er muß wenigstens Machtkumpane haben, die ihm willig gehorchen und mit hinreichenden Machtmitteln ausgestattet sind, ihm auch bei Widerspenstigen Gehorsam zu verschaffen. Faktisch pflegt aber selbst der Tyrann auch die Akklamation der Massen zu suchen, und zwar schon um der Stabilität seiner Herrschaft willen.

Das demokratische Staatsverständnis verlangt aber mehr. Es will die Selbstbestimmung der Menschen auch politisch zur Wirkung bringen. Das bedeutet, daß der primäre Träger der Staatsgewalt das Volk ist und alle anderen Organe des Staates ihre Gewalt von ihm ableiten. Jede Ausübung von Staatsgewalt bedarf daher einer – unmittelbaren oder mittelbaren – **demokratischen Legitimation**. Insbesondere müssen die zentralen Verfassungsorgane durch regelmäßig wiederkehrende Wahlen demokratisch legitimiert sein. Aber auch die übrigen Staatsorgane müssen ihr Amt entweder durch demokratische Wahl erhalten oder es (unmittelbar oder mittelbar) auf solche Staatsorgane zurückführen, die ihrerseits durch demokratische Wahl berufen wurden (BVerfGE 77, 40).

Kennzeichen des demokratischen Prozesses ist also, daß die Herrschaft über das Volk von der Zustimmung des Volkes – in der Praxis von der Zustimmung der Mehrheit – getragen ist. Diese Zustimmung darf nicht manipuliert, sondern muß in freier Meinungsbildung gewonnen sein.

Der Zusammenhang von Führung und Zustimmung kommt auch im Begriff der Autorität zum Vorschein, wenn man sie so begreift, wie

*Hobbes* das angedeutet hat:[1] Jemand handelt dann im eigentlichen Sinne des Wortes mit Autorität für andere Menschen (mit deren „auctoritas"), wenn diese seine Handlungen als ihre eigenen (als „auctores") anerkennen. Mit **demokratischer Autorität** handelt ein Staatsorgan also dann, wenn die Mehrzahl der Bürger denkt: „So hätte ich auch entschieden", also bereit ist, sich mit diesem Handeln zu identifizieren.

## b) Repräsentierte und Repräsentanten

Die Bundesrepublik Deutschland ist eine parlamentarische, repräsentative Demokratie. Nach Art. 20 Abs. 2 GG geht alle Staatsgewalt vom Volke aus. Sie wird in zweifacher Weise ausgeübt: durch das Volk selbst in Wahlen und Abstimmungen, im übrigen „durch besondere Organe der Gesetzgebung, der vollziehenden Gewalt und der Rechtsprechung", also durch Repräsentativorgane, die „im Namen des Volkes" handeln (zu der letztgenannten Formel vgl. § 25 Abs. 4 BVerfGG, § 268 Abs. 1 StPO, § 117 Abs. 1 VwGO, § 311 Abs. 1 ZPO).

Der wichtigste Akt unmittelbarer demokratischer Betätigung ist die Wahl der Volksvertretungen. **Wahlen** haben nur dann eine maßgebende politische Steuerungsfunktion, wenn sie den Bürgern erhebliche sachliche und personelle Alternativen zur Entscheidung anbieten, insbesondere die Möglichkeit einschließen, die gegenwärtige Regierung samt ihrem politischen Programm durch eine andere abzulösen. Dadurch werden die Regierenden gezwungen, auch zwischen den Wahltagen auf den Willen der Repräsentierten Rücksicht zu nehmen, um sich für die kommende Wahl eine Chance zu erhalten.

Auch in den Wahlrechtsgrundsätzen und im Wahlsystem findet die Demokratie eine wichtige Ausgestaltung. Die **Wahlrechtsgrundsätze** sind in Art. 38 GG niedergelegt: Die Wahl ist allgemein, d.h. jeder Deutsche ist wahlberechtigt, wenn er das Wahlalter (das 18. Lebensjahr) erreicht hat und nicht aus besonderen Gründen des Wahlrechts entbehrt, z.B. weil er geisteskrank ist (§§ 12 ff. des Bun-

---

1 *Th. Hobbes*, Leviathan, 1651, Kap. 16.

deswahlgesetzes). Sie ist gleich, d.h. jede Stimme hat gleichen Zählwert und in einem Verhältniswahlsystem grundsätzlich auch gleichen Erfolgswert (anders in Mehrheitswahlsystemen). Sie ist frei, d.h. es darf kein Druck ausgeübt werden, eine Wahlentscheidung bestimmten Inhalts zu treffen oder der Wahl fernzubleiben. Sie ist geheim, d.h. es darf nicht feststellbar sein, wer wen gewählt hat, damit die Freiheit der Wahl gewährleistet ist. Und sie ist unmittelbar, d.h. die Wähler bestimmen selbst – ohne Einschaltung von Wahlmännern – den, dessen Wahl das Ziel des gesamten Wahlvorganges ist.

Ein bestimmtes **Wahlsystem** hat das Grundgesetz nicht vorgeschrieben. Es hat dem Gesetzgeber anheimgestellt, sich für die Verhältniswahl oder für die Mehrheitswahl zu entscheiden (BVerfGE 1, 246) oder auch beide Wahlsysteme miteinander zu verbinden. Doch muß der Gesetzgeber innerhalb des von ihm gewählten Systems (oder Teilsystems) Systemkonsequenz wahren, d.h. die im Rahmen dieses Systems geltenden Maßstäbe der Wahlgleichheit beachten (BVerfGE 95, 354). Das Bundeswahlgesetz (BWG) hat sich für eine **„mit der Personenwahl verbundenen Verhältniswahl"** entschieden (§ 1 BWG): Mit den Erststimmen wird in jedem Wahlkreis (Einmann-Wahlkreis) ein Abgeordneter gewählt. Gewählt ist, wer die meisten Stimmen auf sich vereinigt, also die relative Mehrheit erhält (§ 5 BWG). Auf Grund der Zweitstimmen, die für Landeslisten abgegeben werden, wird bestimmt, in welchem Zahlenverhältnis die Parteien im Bundestag vertreten sein werden; auf die hiernach für jede Partei ermittelte Gesamtzahl der Abgeordneten werden zunächst jene Abgeordneten angerechnet, die für diese Partei einen Abgeordnetensitz in einem Wahlkreis errungen haben; dann werden die restlichen auf die Partei entfallenden Sitze aus der Landesliste besetzt. Um eine übermäßige Parteienzersplitterung zu verhüten, ist eine Sperrklausel anzuwenden: Bei der Verteilung der Sitze nach den Landeslisten werden nur solche Parteien berücksichtigt, die mindestens 5% der im Wahlgebiet abgegebenen gültigen Zweitstimmen erhalten oder in mindestens drei Wahlkreisen durch Mehrheitswahl einen Sitz errungen haben. Ein in einem Wahlkreis durch Mehrheitswahl errungener Sitz verbleibt aber einem Kandidaten und einer Partei ungeachtet der Sperrklausel (§ 6 BWG).

Trotz der Sperrklausel führt dieses Wahlsystem zu einer Parteienvielfalt. Diese macht Koalitionen und somit auch das fortwährende Aushandeln von Kompromissen auf Regierungsebene notwendig und erhöht die Gefahr koalitionsbedingter Blockaden. **Demgegenüber** haben die pragmatischen Briten sich bisher für das reine **Mehrheitswahlrecht** entschieden. Dieses sichert klare parlamentarische Mehrheiten, verleiht dadurch der Regierungspartei Entscheidungsfähigkeit und schafft eindeutig zurechenbare politische Verantwortlichkeiten. Zudem ist die Mehrheitswahl in höherem Maße als die Verhältniswahl eine Persönlichkeitswahl. Für die Abgeordneten wird durch sie der Rückhalt in der Wählerschaft gestärkt und die Abhängigkeit von den Parteien vermindert.

Nun von den Repräsentierten zu den **Repräsentanten**. Diese leiten ihre Gewalt vom Volk ab, sei es, daß sie unmittelbar von diesem gewählt werden (wie die Abgeordneten des Bundestags), sei es, daß sie ihr Amt von gewählten Organen empfangen, und zwar entweder unmittelbar (wie der Bundeskanzler, Art. 63 GG), oder mittelbar (wie die Bundesbeamten, vgl. Art. 60 GG).

Für die **Abgeordneten** gilt der Grundsatz „**auftragsfreier Repräsentation**". Die Abgeordneten sind demnach Vertreter des ganzen Volkes, an Aufträge und Weisungen nicht gebunden und nur ihrem Gewissen unterworfen (Art. 38 Abs. 1 Satz 2 GG). Dieser Grundsatz ist nicht in vollem Umfang mit den Gegebenheiten des modernen **Parteienstaates** in Einklang zu bringen. Hier votiert der Wähler nicht nur, meist nicht einmal in erster Linie für die Person der einzelnen Abgeordneten, sondern vor allem auch für eine bestimmte Regierungsmannschaft und für das politische Programm (die „Wahlplattform"), die von dieser oder jener Partei im Wahlkampf präsentiert worden sind. Die Respektierung der Wählerentscheidung und das Gebot persönlicher Konsequenz begründen zwar keine Rechts-, wohl aber eine Loyalitätspflicht, daß der Abgeordnete sich in seiner parlamentarischen Tätigkeit an das politische Programm hält, mit dem und für das er zur Wahl angetreten ist. Sie verlangen jedoch nicht, daß er darüber hinaus auch Weisungen und Aufträge seiner Partei befolgt.

Für die **Regierung** gilt in der parlamentarischen Demokratie das Prinzip der **parlamentarischen Verantwortlichkeit**: Das Parlament wählt nicht nur den Bundeskanzler, sondern behält auch in der folgenden Zeit Kontrollrechte gegenüber der Regierung: Es kann die Anwesenheit der Regierungsmitglieder verlangen (Art. 43 Abs. 1 GG) und Anfragen an sie richten. Es kann Untersuchungsausschüsse einsetzen (Art. 44 GG). Und es hat das Recht, durch konstruktives Mißtrauensvotum eine Ablösung des Bundeskanzlers (Art. 67, 68 Abs. 1 Satz 2 GG) und damit auch seines Kabinetts (Art. 69 Abs. 2 GG) herbeizuführen. Doch liegt im Parteienstaat die einsatzbereite parlamentarische Kontrolle im wesentlichen bei der Opposition (Kap. 9b).

Trotz der Herleitung der Amtsgewalt vom Volke steckt in jeder repräsentativen Demokratie ein starkes **oligarchisch-elitäres Element**. Eine Herrschaftsorganisation saugt, wenn sie einmal etabliert ist, einen großen Teil der politischen Entscheidungsgewalt des von ihr repräsentierten Volkes auf. Selbst für die politischen Wahlen fällen die Parteien, die den politischen Prozeß weitgehend beherrschen, wichtige Vorentscheidungen: Durch Aufstellen von Kandidaten treffen sie eine Vor-Auswahl der potentiellen Volksvertreter und in den Wahlprogrammen treffen sie eine Vor-Auswahl der politischen Zielsetzungen, für die sich die Wähler entscheiden können.

Indessen besteht in der repräsentativen Demokratie eine wirksame demokratische Komponente, solange die Wahlen durch ein Mehrparteiensystem echte personelle und sachliche Alternativen bieten, die Wähler sich also zwischen unterschiedlichen Regierungen und politischen Programmen entscheiden können. Solange das der Fall ist, ist schon die Auswahl der Kandidaten und der politischen Ziele an den mutmaßlichen Willen der Wähler gekoppelt: Jede Partei muß sich bemühen, hierbei **den Wünschen der Wähler entgegenzukommen**, um sich eine gute Wahlchance zu sichern. Unter jener Bedingung müssen Regierung und Opposition sich auch nach der Wahl an der öffentlichen Meinung orientieren, um bei der nächstfolgenden Wahl eine Chance zu haben. So stellt sich die repräsentative Demokratie als eine demokratisch-oligarchische, günstigenfalls als eine demokratisch-elitäre Mischform dar.

Gerade auch am Problem der **öffentlichen Meinung** zeigt sich das Spannungsverhältnis von Eigenständigkeit und Abhängigkeit der Führung gegenüber der Gesamtheit. Einerseits steckt in der Macht und der legitimierenden Kraft der öffentlichen Meinung ein Element unmittelbarer Demokratie. Andererseits besteht ein struktureller Unterschied zwischen einem radikaldemokratischen und einem repräsentativen System: In diesem sollen die Regierenden eine Konzeption entwerfen, die sich über die Stimmungen und Torheiten des Augenblicks erhebt. Sie sollen kein bloßes Vollzugsorgan wechselnder Tagesstimmungen sein, sondern auch als stabilisierende Faktoren wirken, ihre rechtlichen und politischen Entscheidungen auf längere Sicht mit Sachlichkeit und Sachkunde treffen und auch eigene Leitbilder und Programme aufstellen, mit denen sich die öffentliche Meinung dann erst noch auseinandersetzen muß. Kurz, **Repräsentation** verlangt zwar Orientierung an der großen Linie der öffentlichen Meinung, bedeutet aber **kein bloßes Sichtreibenlassen** durch wechselnde Tagesmeinungen, sondern schließt oft die Aufgabe ein, „Pfadfinder" für mehrheitlich konsensfähige Gerechtigkeits- und Zielvorstellungen zu sein.

Eine Lenkungs- und Kontrollfunktion können die Bürger nur in dem Maße sachkundig erfüllen, wie sie über **Beurteilungsgrundlagen** verfügen. Dem Aufklärungsbedarf der Allgemeinheit dienen mannigfaltige **Begründungspflichten**, wie sie für Gesetze, Gerichtsurteile und Verwaltungsmaßnahmen bestehen, vor allem aber dient ihm die **Öffentlichkeit** von Verhandlungen, besonders der parlamentarischen Verhandlungen. In den parlamentarischen Debatten zwischen Regierung und Opposition werden die Reden großenteils „zum Fenster hinaus" gehalten, um die Argumente und Gegenargumente des politischen Entscheidens öffentlich kundzutun. Auch die Instrumente einer freien Bildung der öffentlichen Meinung – Meinungsfreiheit, Informationsfreiheit, Presse- und Rundfunkfreiheit – stehen nicht zuletzt auch im Dienste der Publizität staatlichen Handelns.

### c) Führung und Mitbestimmung im Betrieb

Nicht nur im Staat, sondern auch in vielen anderen sozialen Bereichen spielt der Zusammenhang von Führung und Bindung an die Geführten eine Rolle. Auch in Unternehmen und Betrieben finden sich Strukturen und Probleme, die denen im staatlichen Bereich verwandt sind.

Das Eigentum am Betriebskapital wird nicht mehr fraglos als Legitimationsgrundlage eines ungebundenen unternehmerischen Entscheidungsrechts angesehen. In einer entfernten Parallele zur vorausgegangenen Demokratisierung des Staates wird die Maxime des alleinherrschenden Unternehmers: „Der Betrieb bin ich", verdrängt durch die Maxime der Betriebsgemeinschaft: „Der Betrieb sind wir alle."[2] Der **„Industrieuntertan" will zum „Industriebürger" werden.** Die Arbeitnehmerschaft des Produktionsbetriebes versteht sich zunehmend als Teil einer Produktions- und Betriebsgemeinschaft, innerhalb deren der Kapitaleigner zwar eine besondere Rolle, aber doch nur eine Rolle unter anderen spielt.

Dem entspricht der Anspruch der Arbeitnehmer, selbst über die Bedingungen und Zwecke ihrer Tagesarbeit mitzubestimmen. Diesem Ziel dienen die überbetriebliche Mitbestimmung, die durch Gewerkschaften vermittelt ist und ihr Instrument im Tarifvertragsrecht hat (Kap. 3b), und die **innerbetriebliche Mitbestimmung,** auf die im folgenden einzugehen ist.

Nach dem Betriebsverfassungsgesetz (BetrVG) wählt die Belegschaft einen **Betriebsrat.** Dieser hat verschiedene Mitwirkungsrechte: Er bestimmt mit über die innerbetrieblichen Arbeitsbedingungen; zu diesen gehören z.B. die Ordnung des Verhaltens der Arbeitnehmer im Betrieb, die Ordnung der Arbeitszeit, die Regelungen zur Verhütung von Arbeitsunfällen und Berufskrankheiten und die Ausgestaltung und Verwaltung von Sozialeinrichtungen (§§ 87, 91 BetrVG). Ferner wirkt der Betriebsrat in Personalangelegenheiten mit, insbesondere an der Personalplanung und an der Einstellung, Versetzung und Eingruppierung von Betriebsangehörigen (§§ 92 ff., 99 ff. BetrVG). Schließlich hat er einen Anspruch darauf, über die wirtschaftlichen Angelegenheiten des Unternehmens unterrichtet und bei Betriebsänderungen beteiligt zu werden (§§ 106, 111 BetrVG).

Weitergehende Mitwirkungsrechte bestehen in den großen Unternehmen der Wirtschaft, nämlich in der Montanindustrie (Mitbestimmungsgesetz von 1951) und in der Regel in solchen Kapitalge-

---

2  *G. Radbruch*, Einführung in die Rechtswissenschaft, 13. Aufl. 1980, S. 136 f.

sellschaften und Erwerbs- und Wirtschaftsgenossenschaften, die mehr als 2000 Beschäftigte haben (§ 1 des Mitbestimmungsgesetzes von 1976). Als man die **Mitbestimmung über die Unternehmensleitung** regelte, waren verschiedene Gesichtspunkte in Betracht zu ziehen: Wer entweder durch seine Arbeitsleistung oder durch Bereitstellung von Kapital ein berechtigtes Interesse an den Ergebnissen der Unternehmensführung hat, sollte die Bestellung und Beaufsichtigung des Managements beeinflussen können. Dabei war ein angemessenes Verhältnis zwischen Kapital- und Arbeitnehmereinfluß zu finden. Nach dem **Mitbestimmungsgesetz von 1976** werden die Mitglieder der Aufsichtsräte je zur Hälfte von den Anteilseignern und von den Arbeitnehmern bestellt (§ 7). Eine Patt-Situation, die den Aufsichtsrat entscheidungsunfähig machen würde, wird dadurch vermieden, daß der Aufsichtsratsvorsitzende (und damit die Seite der Anteilseigner, § 27 Abs. 2) in einem zweiten Abstimmungsgang über eine zusätzliche, ausschlaggebende Stimme verfügt (§ 29). Für die besonders wichtige Bestellung des Vorstandes ist ein eigenes Verfahren vorgesehen, das auf einen verstärkten Einigungszwang zielt, am Ende aber wieder dem Aufsichtsratsvorsitzenden eine ausschlaggebende Stimme zuweist (§ 31). Im Vorstand sind die Arbeitnehmer durch einen „Arbeitsdirektor" vertreten (§ 33). Die Mitbestimmung im Aufsichtsrat hat hohes Gewicht, weil dieser den Vorstand bestellt und kontrolliert. Zumal die Bestellung und Abberufung der Spitzenmanager ist ein Schlüsselvorgang der Industrie; denn die größere oder geringere Eignung des Managements schlägt sich nieder in den Unternehmenserträgen, den dadurch ermöglichten Investitionen und Dividenden, vielfältig in den Arbeitsbedingungen und nicht selten sogar in der Überlebensfähigkeit des Unternehmens.

**Mitbestimmungsrechte** der Arbeitnehmer dürfen **nicht in Verbandsmacht verwandelt** werden: Der ausschlaggebende Einfluß der Arbeitnehmerseite muß rechtlich und faktisch bei den Betriebsangehörigen selbst verbleiben und darf nicht auf Gewerkschaften und damit auf Großverbände und deren Funktionäre verschoben werden. Ob das Mitbestimmungsgesetz von 1976 dieser Forderung genügt, ist umstritten. Nach diesem Gesetz muß der überwiegende Teil der Arbeitnehmervertreter dem Unternehmen selbst angehören; ein kleinerer Teil (rund ein Drittel) wird ohne Rücksicht auf die Unternehmenszugehörigkeit auf Grund von Wahlvorschlägen der Gewerkschaften gewählt (§§ 7 Abs. 2, 16 Abs. 2). Praktisch kommt es darauf an, welche Rolle die Gewerkschaften bei der Aufstellung der „unternehmensinternen" Kandidaten spielen. Wenn sie auch deren Auswahl beherrschen, geraten auch die „internen" Arbeitnehmervertreter (sofern sie an einer Wiederwahl interessiert sind) in eine starke faktische Abhängigkeit gegenüber der gewerkschaftlichen Verbandsmacht.

Grundsätzlicher kann man sich dem Ziel, aus „Industrieuntertanen" „Industriebürger" – oder besser **Industriegesellschafter** – zu machen, auf einem schon genannten Weg nähern: indem die Arbeitnehmer durch Belegschaftsaktien und andere Formen des „**Investivlohnes**" selbst einen steigenden Anteil am Betriebskapital erwerben (Kap. 8c). Es ist ein Weg, sie an „kapitalistischen" Mitwirkungsrechten, Gewinnchancen und begrenzten Risiken zu beteiligen und hierdurch für ihr Unternehmen zu engagieren.

# Kapitel 12

# Spielregeln des Gerichtsverfahrens

## a) Legitimation durch Verfahren?

Im Rechtsstaat soll sich das staatliche Handeln nach Spielregeln vollziehen, die einen Machtmißbrauch verhüten (Kap. 10a) und zu gerechten und vernünftigen Entscheidungen führen. Nun weiß man, daß Entscheidungsergebnisse durch die Verfahren mitbestimmt werden, in denen sie gefunden werden. So müssen im Rechtsstaat alle Betroffenen eine faire Chance erhalten, sich am Verfahren zu beteiligen und ihre Sachdarstellung und Rechtsmeinung vorzutragen. Auch soll derjenige, der entscheidet, unparteiisch handeln. Ferner muß sich das Verfahren unter der Kontrolle der Öffentlichkeit abspielen. Es sind dies klassische Forderungen der „Verfahrensgerechtigkeit".

Mitunter hat man sogar gemeint, staatliche Entscheidungen fänden ihre Legitimation (Rechtfertigung) geradezu durch die Art und Weise des Verfahrens, in dem sie herbeigeführt werden.[1] Nun laufen aber Gerichts-, Verwaltungs- und Gesetzgebungsverfahren fast immer darauf hinaus, eine inhaltlich gerechte Antwort auf ein Rechtsproblem zu geben, oft auf die Frage, welchem von mehreren widerstreitenden Interessen gerechterweise der Vorzug zu geben sei. Doch führen Prinzipien der Verfahrensgerechtigkeit allein zumeist nicht so zwangsläufig zu der gerechten Entscheidung wie die alte Teilungsregel: „Der eine teilt, der andere wählt".

Gleichwohl stehen sie in enger Beziehung zur materiellen Gerechtigkeit. Sie sind **prozessuale Bedingungen, unter denen sich eine inhaltlich gerechte Entscheidung am ehesten erwarten läßt**. So dient etwa der Grundsatz des rechtlichen Gehörs (Art. 103 Abs. 1 GG) einer umfassenden Darstellung aller entscheidungserheblichen Tatsachen und ermöglicht auf solche Weise erst eine sachlich gerechte Entscheidung. Die Neutralität des Richters (b)

---

1 *N. Luhmann*, Legitimation durch Verfahren, 1969.

soll verhindern, daß dessen Entscheidungen durch eigene Interessen und Voreingenommenheiten oder andere sachfremde Motive bestimmt werden.

Kurz, ein einwandfreies **Verfahren** ist in der Regel zwar eine **notwendige, aber nicht** für sich allein schon die **zureichende Bedingung** einer gerechten Entscheidung. Vielmehr spielen neben den Verfahrensregeln auch inhaltliche Entscheidungskriterien eine Rolle. Dem entspricht es auch, daß Rechtsmittel herkömmlicherweise sowohl auf Verfahrensfehler als auch auf Mängel der materiellrechtlichen Erwägungen gestützt werden können.

### b) Die Neutralität des Richters

Wir beschränken uns im folgenden auf die gerichtlichen Verfahren. Hier hat unter den erwähnten Verfahrensgrundsätzen die Unparteilichkeit des Richters großes Gewicht. Dieser muß gesellschaftlich und dienstlich unabhängig sein.

Grundlage ist die **sachliche Unabhängigkeit** des Richters. Sie bedeutet nur Unabhängigkeit von Sachweisungen für die Entscheidung, nicht auch Unabhängigkeit vom Gesetz: „Die Richter sind unabhängig und nur dem Gesetze unterworfen" (Art. 97 Abs. 1 GG; § 25 des Deutschen Richtergesetzes -DRiG-); Art. 20 Abs. 3 GG erweitert diese traditionelle Formel zu einer Bindung „an Gesetz und Recht" (Kap. 10a). Mit Art. 97 Abs. 1 GG sind auch gesetzliche Vorschriften vereinbar, die den Richter an die Entscheidungen eines anderen Gerichts binden; denn dieser Verfassungssatz dient nur dem Schutz der rechtsprechenden Gewalt vor Eingriffen durch eine nichtrichterliche Gewalt (BVerfGE 12, 71).

Um die sachliche Unabhängigkeit zu sichern, ist dem Richter auch die **persönliche Unabhängigkeit** verbürgt. Richter, die jederzeit entlassen, zurückgestuft oder versetzt werden könnten, wären trotz einer formal verbürgten Weisungsfreiheit den Einflüssen vorgesetzter Stellen zugänglich. Um die Gefahr einer solchen mittelbaren Abhängigkeit auszuschließen, wird das Richteramt grundsätzlich Berufsrichtern übertragen (§§ 1 und 44 Abs. 1 DRiG), die auf Lebenszeit – genauer, bis zur Erreichung der Altersgrenze (§ 48 DRiG) – ernannt sind (§ 28 Abs. 1, §§ 8 ff. DRiG). Sie sind grundsätzlich unabsetzbar und unversetzbar (Art. 97 Abs. 2 GG); eine Ausnahme besteht etwa für den Fall, daß ein Richter wegen einer schweren Dienstverfehlung auf Grund einer gerichtlichen Entscheidung seines Amtes enthoben wird (§ 30 DRiG). Sie beziehen ein gesetzlich festgelegtes Gehalt (§ 2 des Bundesbesoldungsgesetzes). Auch die Unabhängigkeit ehrenamtlicher Richter wird so weit wie möglich gesichert (§§ 44 f. DRiG). Ehrenamtliche Richter sind z.B. die Schöffen bei Strafgerichten (§§ 28 ff., 76 f. GVG) und die ehrenamtlichen Beisitzer in Kammern für Handelssachen (§§ 105 ff. GVG), in Verwaltungsgerichten (§§ 19 ff. VwGO), Arbeitsgerichten (§§ 16, 20 ff., 35, 37 ff., 41, 43 ff. des Arbeitsgerichtsgesetzes) und Sozialgerichten (§§ 3, 12 ff., 35 , 38 Abs. 2, 45 ff. des Sozialgerichtsgesetzes).

Die **Unparteilichkeit** des Richters soll auch **nicht durch die Umstände des konkreten Falles in Frage gestellt** sein:

Daher ist er von der Ausübung des Amtes ausgeschlossen, wenn seine eigenen Interessen durch den zu entscheidenden Fall betroffen sind oder wenn er zu einem Betroffenen in nahen familiären Beziehungen steht. Er kann zudem wegen Besorgnis der Befangenheit abgelehnt werden oder sich selbst für befangen erklären, wenn ein sonstiger Grund vorliegt, der Mißtrauen gegen seine Unparteilichkeit rechtfertigt (§§ 22, 24, 30, 31 StPO, §§ 41, 42, 48 ZPO).

Auch wenn der Richter schon in einer anderen Rolle am gleichen Verfahren beteiligt war, könnte er dadurch voreingenommen sein. Darum ist er vom Richteramt auch dann ausgeschlossen, wenn er früher z.B. als Zeuge oder Staatsanwalt oder als Richter in einer unteren Instanz an der vorliegenden Sache mitgewirkt hat (§§ 22, 23 StPO, § 41 ZPO).

Außerdem soll die Unbefangenheit des Richters nicht durch ein verfahrenstechnisches Engagement gefährdet werden. Im polizeistaatlichen Inquisitionsprozeß konnte der Richter selber einen Fall aufgreifen und das Verfahren einleiten. Bei einem solchen Vorgehen kann er versucht sein, sich im Richterspruch selbst zu bestätigen: daß seine Vermutung richtig war, die ihn zur Einleitung des Verfahrens bewogen hat. Um die Richter generell auch aus Voreingenommenheiten dieser Art herauszulösen und sie in die Rolle nicht engagierter Beurteiler zu versetzen, ist man **in Strafsachen** vom Inquisitionsprozeß abgerückt und ist im rechtsstaatlich-liberalen, „reformierten Verfahren" des neunzehnten Jahrhunderts in Deutschland zum **„Akkusationsprozeß"** übergegangen: Strafgerichte befassen sich mit einem Fall nur auf Grund und in den Grenzen der staatsanwaltschaftlichen Anklage (§§ 151, 152, 155 StPO) oder in gewissen, weniger schwerwiegenden Fällen auf Grund einer Privatklage (§ 374 StPO). Es gilt also der Grundsatz: Wo kein Kläger, da kein Richter. Dafür, daß der Ankläger auch zur Stelle ist, sorgt das Legalitätsprinzip. Dieses gewährleistet die Effizienz des Strafrechts und die Gleichbehandlung in der Strafverfolgung (Kap. 2b).

Im **englischen Strafprozeß** bleibt über die Anklageerhebung hinaus eine große **Distanz des Richters** zum Prozeßgeschehen erhalten. Hier stehen sich der Vertreter der Anklage einerseits und der Angeklagte und dessen Anwalt andererseits als Parteien gegenüber. Diese können auch über die Anklageerhebung hinaus in weitem Umfang über den Prozeß disponieren: Der Anklagevertreter kann durch Rücknahme der Anklage über den Prozeß verfügen. Der Angeklagte kann dadurch, daß er sich für schuldig erklärt, über seine Verurteilung bestimmen. Es ist auch Aufgabe von Anklagevertreter und Verteidiger, Be- und Entlastungsmaterial beizubringen, während der Richter schiedsrichterlich-neutral die Verhandlung leitet und hierbei unzulässige Fragen zurückweist, die von Anklagevertreter oder Verteidiger im Laufe der Beweiserhebung gestellt werden.

Im **deutschen Strafverfahren** hingegen beherrscht das Gericht sehr viel stärker das Prozeßgeschehen. Sobald dieses das Hauptverfahren eröffnet hat, kann der Staatsanwalt die Anklage nicht mehr zurücknehmen (**„Immutabilitätsprinzip"**, §§ 156, 199 StPO; Ausnahmen aus überwiegenden öffentlichen Interessen: §§ 153c Abs. 3, 153d Abs. 2 StPO). Privatklagen hingegen sind zurücknehmbar (§ 391 StPO), weil an ihrer Durchführung kein erhebliches öffentliches Interesse besteht.

Im deutschen Strafprozeß gilt ferner der **Untersuchungsgrundsatz** (oder Ermittlungsgrundsatz): Von der Klageerhebung an muß das Gericht selbst die Wahrheit erforschen und die Beweisaufnahme auf alle Tatsachen und Beweismittel erstrecken, die für die Entscheidung von Bedeutung sind (§§ 155 Abs. 2, 244 Abs. 2 StPO). Selbst wenn der Angeklagte die Tat gesteht, muß das Gericht sich von der Glaubwürdigkeit des Geständnisses überzeugen. Zur Aufklärung des Sachverhalts führt das Gericht selber die Vernehmungen durch und erhebt die zur Be- und Entlastung dienenden Beweise (§§ 238 Abs. 1, 244 Abs. 2 StPO). Es wird hierbei im Strafprozeß von der Staatsanwaltschaft unterstützt, die hier nicht die Stellung einer Partei hat, sondern auch diejenigen Tatsachen zu ermitteln und vorzutragen hat, die dem Angeklagten günstig sind (§ 160 Abs. 2 StPO) – weshalb sie sich selber gern als „objektivste Behörde der Welt" versteht. Während also im angelsächsischen Strafverfahren von Parteistandpunkten aus um die Wahrheit gestritten wird, bemüht sich im deutschen Strafprozeß der Richter selbst um eine unbefangene Aufklärung des Sachverhalts – mit der Gefahr, daß er im Zuge der eigenen Ermittlungen doch in einen „Jagdeifer" gerät und ein wenig die Distanz zum Fall verliert.

Wie im Strafprozeß, so gilt der Untersuchungsgrundsatz auch in anderen Verfahren, in denen ein öffentliches Interesse an einer objektiven Aufklärung des Sachverhalts besteht. Dies ist vor allem der Fall im Verfassungs- und im Verwaltungsgerichtsprozeß (§ 26 Abs. 1 Satz 1 BVerfGG, § 86 Abs. 1 VwGO).

Im **Zivilprozeß** wird, wie im Strafprozeß, die Prozeßinitiative von außen her an das Gericht herangetragen. Anders als im Strafprozeß stand hier freilich eine Prozeßeröffnung aus eigenem Engagement des Gerichts gar nicht zur Diskussion. Die Parteien disponieren über das Prozeßgeschehen. Diese **„Dispositionsmaxime"** ist Ausdruck der **Privatautonomie im Prozeß**: Der Kläger entscheidet durch seine Klageerhebung über das Zustandekommen des Prozesses und grenzt durch seinen Klageantrag den Streitgegenstand ab („ne eat judex ultra petita partium", § 308 Abs. 1 ZPO). Die Prozeßherrschaft bleibt hier auch weiterhin auf seiten der Parteien: Der Kläger kann den Prozeß durch Klagerücknahme beenden, nach Beginn der mündlichen Verhandlung allerdings nur mit Einwilligung des Beklagten (§ 269 ZPO). Auch kann der Kläger auf seine Klage verzichten mit der zwingenden Folge, daß seine Klage abgewiesen wird (§ 306 ZPO). Der Beklagte kann den Klageanspruch anerkennen, mit der Folge, daß er verurteilt wird (§ 307 ZPO). Und die Parteien können das Verfahren durch einen Prozeßvergleich beenden (§ 794 Abs. 1 Nr. 1 ZPO).

Im Zivilprozeß ist es grundsätzlich auch Sache der Parteien, diejenigen Tatsachen darzulegen und erforderlichenfalls zu beweisen, von denen die Entscheidung abhängt (**„Verhandlungsmaxime"** oder „Beibringungsgrundsatz"). Der Richter engagiert sich auch in diesen Fragen nicht. Der Prozeßgegner kann die von der anderen Partei vorgetragenen Tatsachen bestreiten, nicht bestreiten oder zugestehen; hierdurch kann er bestimmen, welche von diesen Tatsachen eines Beweises bedürfen und welche das Gericht ohne weiteres als wahr zu behandeln hat (§§ 138 Abs. 3, 288 Abs. 1 ZPO). Diese Verhandlungsmaxime läßt sich freilich in größerer oder geringerer Strenge durchführen. Im deutschen Zivilprozeß hat der Richter durch Fragen darauf hinzuwirken, daß die Parteien alle entscheidungserheblichen Tatsachen vollständig und wahrheitsgemäß darlegen und die sachdienlichen Anträge stellen (§ 139 ZPO). Er muß vor allem auch auf solche entscheidungserheblichen rechtlichen Gesichtspunkte hinweisen, die eine Partei erkennbar übersehen oder für unerheblich gehalten hat, damit diese sich auf die einschlägigen rechtlichen Aspekte einstellen kann und das Urteil sie nicht „wie ein Blitz aus heiterem Himmel" trifft (§ 278 Abs. 3 ZPO) – ein prozessualer Grundgedanke, der in noch ausgeprägterer Weise für den Strafprozeß gelten muß (§ 265 StPO).

### c) Eine faire Chance für alle Beteiligten

Zu einem gerechten Verfahren gehört es auch, daß alle Betroffenen eine faire Chance erhalten, ihre Tatsachendarstellungen und ihren Rechtsstandpunkt darzulegen. Dem dient der Grundsatz des **rechtlichen Gehörs**. Er hat für Gerichtsverfahren Verfassungsrang (Art. 103 Abs. 1 GG), beansprucht aber als allgemeines rechtsstaatliches Verfahrensprinzip auch für Verwaltungsverfahren Geltung (§§ 28, 66 VwVfG). Er verlangt aber nur, daß die Beteiligten Gelegenheit zur Stellungnahme erhalten, nicht auch, daß sie diese Gelegenheit wahrnehmen. Einer Entscheidung dürfen demnach nur solche Tatsachen und Beweisergebnisse zugrunde gelegt werden, zu denen die Beteiligten Stellung nehmen konnten. Ein Versäumnisurteil gegen einen ordnungsgemäß und rechtzeitig geladenen, aber nicht erschienenen Beklagten (§ 331 Abs. 1 ZPO) ist mit diesem Grundsatz daher vereinbar.

Ein rechtsstaatliches Verfahren erfordert aber mehr als ein formales Recht, gehört zu werden: Wer von einem Verfahren betroffen ist, muß insgesamt eine faire Chance erhalten, auf dessen Gang und Ergebnis Einfluß zu nehmen, um seine Rechte zu wahren (BVerfGE 66, 318 f.). Dazu gehört auch **„Waffengleichheit"** für alle Prozeßbeteiligten. Der Staat hat dazu beizutragen, daß diese hergestellt wird. Zu diesem Zweck gleicht er nötigenfalls die Unterlegenheit eines Beteiligten aus, insbesondere dadurch, daß er für den erforderlichen Rechtsbeistand sorgt. Das geschieht durch Bestellung eines **Pflichtverteidigers** im Strafprozeß (§§ 140, 141 StPO) oder durch die Gewährung von **Prozeßkostenhilfe** in Zivil- und Verwaltungsgerichtsprozessen und in Privatklagesachen (§§ 114 ff. ZPO, § 166 Abs. 1 VwGO, § 379 Abs. 3 StPO).

### d) Die Öffentlichkeit des Verfahrens

Für staatliches Handeln gilt grundsätzlich das Öffentlichkeitsgebot (Kap. 11b). Es gilt besonders für Gerichtsverfahren: Jeder soll sich davon überzeugen können, daß alles korrekt zugegangen ist, der Prozeß unparteiisch und fair geführt wurde und das Urteil akzeptabel ist. Deshalb sind die mündliche Verhandlung vor dem erkennenden Gericht und die Urteilsverkündung öffentlich (§ 169 GVG, §§ 17, 30 Abs. 1 BVerfGG, § 55 VwGO).

Durch diese Öffentlichkeit dürfen aber, zumal im Zeitalter des Fernsehens, die Beteiligten **nicht** zum **„Schaustück"** und Objekt der Publikumsunterhaltung gemacht werden. Daher dürfen Berichterstatter der Massenmedien zwar als Zuhörer der Verhandlung beiwohnen; aber sie dürfen keine Ton-, Fernseh- und Filmaufnahmen machen, die zur Veröffentlichung bestimmt sind (§ 169 GVG). Überwiegende Interessen, insbesondere vorrangige **Diskretionsinteressen**, können sogar einen Ausschluß der Öffentlichkeit überhaupt zulassen oder auch gebieten: so für die meisten Familien- und Kindschaftssachen, für Verfahren, welche die Unterbringung eines Beschuldigten in einem psychiatrischen Krankenhaus oder einer

Entziehungsanstalt betreffen und für Jugendstrafverfahren; im übrigen für Verfahrensabschnitte, soweit die öffentliche Verhandlung eine Gefahr bedeuten würde für die Staatssicherheit, für die öffentliche Ordnung, für die Sittlichkeit, für das Leben, die Gesundheit oder die Freiheit eines Zeugen oder eines anderen Menschen oder für bestimmte, schutzwürdige Geheimnisse, insbesondere für Geschäftsgeheimnisse (§§ 170 ff. GVG, § 48 Abs. 1 des Jugendgerichtsgesetzes).

Kapitel 13

# Die Strafe im Recht

## a) Strafzwecke

Strafen finden eine Rechtfertigung darin, daß sie bestimmten, wichtigen Zwecken dienen: Sie sollen vergelten, vor allem aber dafür sorgen, daß Angriffe auf wichtige Rechtsgüter unterlassen werden und dadurch das rechtlich geordnete soziale System stabil bleibt (Kap. 2b). Es wird also (jedenfalls auch) bestraft, damit künftige Delikte unterbleiben (**„punitur, ne peccetur"**). Da Strafen in dieser Weise zukunftsbezogen bestimmte Schutzzwecke erfüllen sollen und zu ihnen in dieser Relation stehen, bezeichnet man die hierauf gegründete Rechtfertigung der Strafen als „relative".

Die Aufgabe des Strafrechts, wichtige Rechtsgüter zu schützen, zeigt sich im Aufbau des Strafgesetzbuchs. Dessen Besonderer Teil (§§ 80 ff. StGB) gliedert die Straftatbestände nach wichtigen Rechtsgütern, die durch Delikte angegriffen werden. Das sind unter anderem: die Verfassungsordnung, die äußere Sicherheit und die Verteidigungsfähigkeit des Staates, der Hausfrieden und der Landfrieden, die Fälschungssicherheit von Geld und amtlichen Wertzeichen, die Verläßlichkeit von Zeugenaussagen, die ungestörte Religionsausübung, die sexuelle Selbstbestimmung, die Ehre, der persönliche Geheimbereich, das Leben, die körperliche Unversehrtheit, die persönliche Freiheit, das Eigentum und das Vermögen, die Verläßlichkeit von Urkunden, der faire Wettbewerb, die Unversehrtheit von Sachen und gespeicherten Daten, die Sicherheit vor gemeiner Gefahr, die Unversehrtheit der Umwelt und die Korrektheit der Amtsführung.

Doch ist es nicht immer leicht zu sagen, welche Interessen überhaupt eines strafrechtlichen Schutzes bedürfen und welches Verhalten in so **hohem Maße sozialschädlich** ist, daß es eine Bestrafung rechtfertigt. Das zeigt sich schon daran, wie sehr sich die **Vorstellungen** über strafwürdiges Verhalten nicht nur in weiter zurückliegenden Zeiten, sondern noch in der jüngsten Vergangenheit **gewandelt** haben. So galt bis weit in die Nachkriegszeit jede Homosexualität unter Männern als strafwürdig (§ 175 StGB alter Fassung, gegen den auch das Bundesverfassungsgericht nichts einzuwenden hatte, BVerfGE 6, 432 ff.). Und als schwere Kuppelei war es mit Zuchthaus bedroht, wenn Eltern ihrer erwachsenen Tochter erlaubten, mit ihrem Verlobten im elterlichen Haus zu schlafen (§ 181 Abs. 1 Nr. 2 StGB alter Fassung; hierzu BGHSt 6, 46, 52). In beiden Fällen haben sich sowohl die Anschauungen als auch die Strafgesetze geändert. Andererseits fehlten damals im Strafgesetzbuch die Umweltdelikte, die heute auf Grund gewandelter Vorstellungen und Umstände für strafwürdig erachtet werden.

Welches Verhalten unter Strafe gestellt werden darf, ist sorgfältig auch nach den rechtsstaatlichen Prinzipien der **Verhältnismäßigkeit** und des **Übermaßverbotes** zu prüfen (Kap. 10a). Insbesondere ist bei einem Freiheitsentzug der hohe Rang der Freiheit der Person in Rechnung zu stellen. In sie darf nur aus besonders gewichtigen Gründen eingegriffen werden und nur dann, wenn nicht ein anderes, zum Ziel führendes, aber weniger stark einschränkendes Mittel gewählt werden kann (BVerfGE 66, 195; 90, 172 f.).

Strafen können auf zwei Weisen künftige Delikte verhüten und dadurch Rechtsgüter schützen und das soziale Gefüge stabilisieren: durch Spezialprävention und durch Generalprävention.

**Spezialprävention** will künftige Delikte des Bestraften selbst verhindern. Hier erscheint die Strafe als Instrument, den Täter selbst von künftigen Straftaten abzuschrecken, ihn zu erziehen und, wenn er hierdurch nicht **„resozialisiert"** werden kann, als Instrument, die **Gesellschaft** vor diesem Täter zu **schützen**. Solche spezialpräventiven Zwecke verfolgt das Gesetz oft auch auf Kosten des Vergeltungsgedankens. Ein Beispiel dafür bietet die Strafaussetzung zur Bewährung (§§ 56 ff. StGB). Durch sie will man vor allem erstmalige Gelegenheitstäter vor dem ungünstigen Milieu der Strafvollzugsanstalten bewahren und ihnen zugleich (durch die drohende Nachholung der Strafe) einen verstärkten Anreiz zu künftigem straffreien Verhalten geben. Auch der Strafvollzug verfolgt nach deutschem Recht in hohem Maße einen spezialpräventiven Zweck: Er soll ein Versuch sein, den Täter zu erziehen, um ihn dahin zu bringen, in sozialer Verantwortung ein Leben ohne Straftaten zu führen; dem dienen z.B. Arbeitseinsatz und Maßnahmen der beruflichen Ausbildung, unter Umständen sogar in offenem Vollzug (§§ 2 und 7 des Strafvollzugsgesetzes). Kann der Täter nicht sozialisiert werden, tritt die andere Funktion der Spezialprävention in den Vordergrund, die Gesellschaft vor diesem Kriminellen zu sichern. **Gewaltverbrecher** dürfen keine Chance zu neuen Straftaten erhalten. Mag auch eine buchstabengetreu vollzogene, lebenslängliche Freiheitsstrafe mit der Menschenwürde eines Mörders schwer zu vereinbaren sein – solange von diesem eine Wiederholungstat droht, ist es vorrangige Aufgabe des Rechts, das Leben und die Menschenwürde möglicher Opfer vor ihm zu schützen (abwägend: BVerfGE 45, 244 ff.; 72, 113, 115 ff.). Wo Menschenwürde gegen Menschenwürde steht, wird sichtbar, daß deren „Unantastbarkeit" (Art. 1 Abs. 1 GG) nicht rigoros zu verwirklichen ist, wie überhaupt das Recht nicht frei von unlösbaren Antinomien ist.

Ein rigoroses Prinzip der Spezialprävention, das ganz vom Schuldprinzip und damit auch von der Vergeltungsfunktion absieht, wird zu einer kriminalpolitischen Sozialtechnik, zu einem bloßen Maßnahmerecht, das „Maßregeln der Besserung und Sicherung" ganz an die Stelle von Strafen treten läßt. Dies kann eine humanitäre, aber auch eine sehr inhumane Wendung nehmen: Einerseits mag man auf diese Weise Vergeltung durch eine menschenfreundliche **Sozialtherapie** ersetzen wollen. Andererseits kann ein „Straf"recht, das einseitig der Spezialprävention dient, auch als **eiserner Besen** verstanden werden, die Gesellschaft von störenden Elementen zu „säubern", wenn ein begrenzendes Prinzip fehlt, wie es für die Vergeltungsstrafe im Gedanken der Schuldangemessenheit enthalten ist. Mit der Menschenwürdegarantie (Art. 1 Abs. 1 GG) ist ein „Straf"-recht, das den Menschen zum bloßen Behandlungs- und Verfahrensobjekt macht, nicht vereinbar. Darauf ist später noch einzugehen.

**Generalpräventiv** wirken Strafgesetze dadurch, daß sie **zu allgemeinem Rechtsgehorsam motivieren**, nämlich alle, die es angeht, davor warnen und abschrecken, Straftaten zu begehen; und letztlich gehen solche Warnungen uns alle an, weil wir alle latente Delinquenten sind. Die generalpräventive Wirkung beruht darauf, daß durch die Strafdrohung und den Strafvollzug den Gesetzen die Motivationskraft für künftige Fälle gestärkt wird. Das geschieht insbesondere durch eine rasche und **prompte Strafverfolgung**. Ein Zusammenhang besteht aber wohl auch zwischen der Strenge der Strafgesetze und der Strafen und ihrer generellen Abschreckungswirkung oder, anders gewendet, zwischen der Aufweichung des Strafrechts und der zunehmenden Kriminalität. Es ist zu vermuten, daß viele Täter eine zu erwartende **strenge Strafe als Risikofaktor** in Betracht ziehen. Eine einäugige Humanität, die ihr verstehendes Mitempfinden ganz dem Täter zuwendet, sollte prüfen, ob nicht eine motivierende Strenge der Strafen jedenfalls die „kalkulierten" Verbrechen vermindern und dadurch Leben und Gesundheit Unschuldiger retten kann. Über dem „Täterschutz" darf der „Opferschutz" nicht vergessen werden: Auch dieser ist ein Anliegen der Humanität.

Soviel zur Rechtfertigung der Strafe aus dem künftigen Schutz bestimmter Rechtsgüter. Nach der Gegenmeinung – der „absoluten" Straftheorie – findet die Strafe ihre wesentliche Rechtfertigung aus dem Prinzip der **Vergeltung**. Diese bilde den entscheidenden Grund der Strafe. Hier denkt man sich also die Funktion der Strafe losgelöst („absoluta") von einem zukunftsbezogenen Schutzzweck: Der Grund der Strafe wird nur im schon Geschehenen gesucht (**„punitur quia peccatum est"**). Daher sei eine Strafe ohne Rücksicht darauf zu verhängen, ob sie einem künftigen Rechtsgüterschutz dient oder nicht. In monumentaler Rigorosität schrieb *Kant*: „Selbst wenn sich die bürgerliche Gesellschaft mit aller Glieder Einstimmung auflösete (z.B. das eine Insel bewohnende Volk beschlösse, auseinander zu gehen und sich in alle Welt zu zerstreuen), müßte der letzte im Gefängnis befindliche Mörder vorher hingerichtet werden, damit jedermann das widerfahre, was seine Taten wert sind, und die Blutschuld nicht auf dem Volke hafte, das auf diese Bestrafung nicht gedrungen hat: weil es als Teilnehmer an dieser öffentlichen Verletzung der Gerechtigkeit betrachtet werden kann."[1] Hier erscheint also die Strafe als reine Gerechtigkeitsaufgabe ohne Rücksicht auf ihre Nützlichkeit oder aber, wie Thomas von Aquin es konkreter sah, als Ausgleich („Vergeltung") für das einem anderen zugefügte Unrecht und für die Verletzung des Rechtsfriedens

---

1 *I. Kant*, Metaphysik der Sitten, Rechtslehre, 2. Aufl. 1798, S. 229.

(Gesch Kap. 7a):[2] Dem Delinquenten soll dafür, daß er ein Übel angerichtet hat, ein gleichwertiges Übel zugefügt werden.

An diesem Punkt führt das Strafrecht in grundsätzliche Fragen der Staatstheorie: Kann die Staatsgewalt Wahrer und Vollstrecker einer „absoluten" Gerechtigkeit sein? Welcher „Gerechtigkeit" hat die öffentliche Gewalt nicht schon die Hand geliehen: Sie hat Johannes Hus und Giordano Bruno verbrannt, von der großen Zahl kleiner Ketzer gar nicht zu reden. Und auch schon der soeben dargestellte Wandel des Sexualstrafrechts enthüllt die **Fragwürdigkeit menschlicher Gerechtigkeit** (Kap. 4). Muß sich die Staatsgewalt also nicht damit bescheiden, unvollkommener Sachwalter des Glükkes der Bürger zu sein? Und kann man unter dieser Voraussetzung eine Strafe auch dann noch fordern, wenn diese der Gesellschaft keinen Nutzen mehr bringt?

Und doch: Schuldet der Staat nicht den Hinterbliebenen eines Ermordeten, denen er die Privatrache aus der Hand genommen hat (und vielleicht nicht nur ihnen), **Genugtuung**, und zwar auch dann, wenn diese nicht zu präventiven Zwecken erforderlich ist? Sollte z.B. ein **Adolf Eichmann**, der im Vollzug staatlicher Weisung ungezählte Juden in nationalsozialistische Vernichtungslager schickte, straflos ausgehen? Die Notwendigkeit einer Spezialprävention bestand in solchen Fällen dann nicht, wenn der Täter später als wohlangepaßter Bürger nicht deliktanfälliger war als jeder andere. Über ein generalpräventives Bedürfnis konnte man vielleicht diskutieren. Doch selbst wenn man auch die generalpräventive Funktion der Strafe für diese Fälle verneint hätte (in denen der Täter staatlich organisiertes Unrecht gehorsam vollzog), selbst dann hätte es das Rechtsempfinden verletzt, den Täter straflos ausgehen zu lassen. Offenbar hat eben die Strafe – auch – die Funktion, für die Verletzung schwerwiegender Lebensgüter Vergeltung zu üben.

Vergeltung, Schuld und Strafe hängen aber zusammen. Auch die meisten relativen Straftheorien sehen, mehr oder minder deutlich, diesen Zusammenhang, wenn sie davon ausgehen, daß Strafe Schuld voraussetzt (**„nulla poena sine culpa"**). Wir werden also

---

2 Vgl. auch *G. W. F. Hegel*, Grundlinien der Philosophie des Rechts, 1821, § 101.

noch einmal auf die Frage zurückgeführt, wie sich die verschiedenen Rechtfertigungen der Strafe zueinander verhalten.

Zuvor ist jedoch ein Blick auf die Frage zu werfen, ob wir überhaupt schuldfähig sind. Schuld setzt voraus, daß man überhaupt **anders handeln konnte**, als man gehandelt hat. Darum ist ein Schuld- und Sühnestrafrecht nur möglich, wenn wir bei unserem Tun und Lassen einen Spielraum haben, uns zwischen verschiedenen Möglichkeiten und Motiven frei zu entscheiden. Wäre unser Verhalten kausalgesetzlich oder durch Motivation lückenlos und streng determiniert, dann bliebe für einen Schuldvorwurf ebenso wenig Raum wie für persönliche Reue und Vergeltung. Jemanden für sein Handeln zu bestrafen, wäre dann ebenso unangemessen, wie wenn man ihn z.B. für eine Erbkrankheit bestrafen wollte. Dann wäre nur ein Präventionsrecht möglich. Daher war es folgerichtig, wenn etwa *Paul Anselm von Feuerbach* aus der Sicht eines **Determinismus** sagte, Strafe habe nicht zu vergelten, sondern künftiges Handeln zu motivieren: Das Strafgesetz solle künftige potentielle Täter abschrekken, der Strafvollzug die Ernsthaftigkeit der Strafdrohung dartun (Theorie des psychischen Zwanges).[3] Für eine deterministische Theorie – ohne Entscheidungsfreiheit und Schuld – würde Strafrecht folgerichtig zum bloßen Maßnahmerecht. Die Voraussetzungen der **Zurechnungsfähigkeit** – die Erreichung eines bestimmten Lebensalters, das Fehlen von Geisteskrankheit usw. – wären dann nicht als Voraussetzungen persönlicher Schuld, sondern bloß als **Bedingungen „normaler" Motivierbarkeit** zu verstehen, wobei die überwiegende Zahl erwachsener Menschen den Maßstab der „Normalität" abgäbe.

Die Frage der Entscheidungsfreiheit, die eines der großen Themen der Rechtsphilosophie bildet, ist hier nicht auszudiskutieren. Auch an diesem Punkte muß es genügen, die Probleme und Zusammenhänge aufzuzeigen. Geht man, aus welchen Gründen auch immer, davon aus, daß es Entscheidungsfreiheit gibt,[4] dann sind Schuld und Verantwortung grundsätzlich möglich. Diesen Standpunkt nimmt

---

3  *P. A. v. Feuerbach*, Revision der Grundsätze und Grundbegriffe des positiven peinlichen Rechts, Tl. II, 1800, S. 94 ff., 110 f., 138 f.
4  Dazu etwa *R. Zippelius*, Recht und Gerechtigkeit, 2. Aufl 1996, Kap. 32.

auch das **Strafgesetzbuch** ein, wenn es die „Schuldfähigkeit" des Täters zur Voraussetzung der Strafe macht (§§ 19 ff. StGB, s.o. Kap. 5b) und wenn es dem überwältigenden Motivationsdruck bestimmter Notlagen – einer gegenwärtigen und nicht anders abwendbaren Gefahr für Leben, Leib oder Freiheit des Handelnden selbst oder einer ihm nahestehenden Person – eine „entschuldigende" und damit strafbefreiende Wirkung beimißt (§ 35 StGB).

Geht man davon aus, daß Schuld und damit auch Vergeltung möglich sind, dann harrt die schon aufgeworfene Frage der Antwort, wie sich die verschiedenen Strafzwecke – **Prävention und Vergeltung** – zueinander verhalten. Rechtfertigen sie eine Strafe nur dann, wenn sie zusammentreffen, oder kann jeder Zweck schon für sich allein die Strafe tragen?

Wer die Ansicht teilt, daß z.b. der erwähnte „Schreibtischmörder" selbst dann strafbar sein sollte, wenn für die Zukunft damit nichts bewirkt wird, muß folgerichtigerweise annehmen, daß es jedenfalls Fälle geben kann, in denen schon der **Vergeltungszweck allein** die Strafe rechtfertigt.

Andererseits kann der **Schutzzweck allein** eine Strafe **nicht** rechtfertigen. „Strafe" als reine Präventivmaßnahme macht aus dem Täter im Fall der Generalprävention ein bloßes Mittel zum Zweck, im Fall der Spezialprävention ein bloßes Behandlungsobjekt. Nur eine Strafe, die nicht bloß Präventivmaßnahme, sondern zugleich Vergeltung ist, achtet den Täter als Person, die einer Selbstbestimmung fähig ist. Auch das steht bereits bei *Kant*: „Richterliche Strafe ... kann niemals bloß als Mittel, ein anderes Gute zu befördern, für den Verbrecher selbst, oder für die bürgerliche Gesellschaft, sondern muß jederzeit nur darum wider ihn verhängt werden, weil er verbrochen hat; denn der Mensch kann nie bloß als Mittel zu den Absichten eines anderen gehandhabt und unter die Gegenstände des Sachenrechts gemengt werden, wowider ihn seine angeborene Persönlichkeit schützt. ... Er muß vorher strafbar befunden sein, ehe noch daran gedacht wird, aus dieser Strafe einigen Nutzen für ihn selbst oder seine Mitbürger zu ziehen."[5] Und das Bundesverfassungsge-

---

5 *I. Kant*, Metaphysik der Sitten, Rechtslehre, 2. Aufl. 1798, S. 226.

richt hat festgestellt: Eine strafrechtliche oder strafrechtsähnliche Ahndung einer Tat ohne Schuld des Täters wäre rechtsstaatswidrig (BVerfGE 20, 331). Kurz: **Das „punitur ne peccetur" knüpft an das „quia peccatum est" an.**

Wie steht es aber z.B. mit dem geisteskranken Massenmörder, den kein Schuldvorwurf trifft und dessen Tat daher nicht gesühnt werden kann? Auch er muß – etwa durch Unterbringung in einem psychiatrischen Krankenhaus (§ 63 StGB) – daran gehindert werden können, weiterhin Schaden zu stiften. Hier wird der Täter also doch zum bloßen Behandlungsobjekt. Also müssen auch bloß präventive Zwecke Eingriffe rechtfertigen, die – nach Schwere der Beeinträchtigung – einer Strafe gleichen, aber keine Strafe sind.

Demnach gibt es – als Grenzfall – staatliche Reaktionen auf deliktisches Handeln, die nur geschehenes Unrecht vergelten, als Regelfall solche, die eine Vergeltungs- und eine Schutzfunktion erfüllen, und schließlich solche, die nur dem Schutz dienen und denen auch kein Schuldvorwurf zugrunde liegt. Der letzte Fall ist aber als bloße „Maßnahme" auch terminologisch von der Strafe zu unterscheiden.

### b) Die gesetzliche Bestimmtheit der Strafe

Jeder sollte die rechtlichen Folgen seines Handelns voraussehen können, gebietet die **Rechtssicherheit**. Deshalb darf niemand in unvorhersehbarer Weise bestraft, die Strafbarkeit seines Handelns nicht nachträglich festgesetzt oder verschärft werden: Jemand darf wegen einer Tat nur dann bestraft werden, wenn die Strafbarkeit dieser Handlung schon im Zeitpunkt ihrer Begehung gesetzlich bestimmt war (Art. 103 Abs. 2 GG, § 1 StGB). Dieses Prinzip – **„nulla poena sine lege praevia"** – zuerst aufgerichtet als Barriere gegen Fürstenwillkür, steht nicht minder als Barriere gegen demokratische Volkswut und Lynchjustiz. So wird es verständlich, daß *Franz von Liszt* diesen Satz geradezu als eine „magna charta des Verbrechers" bezeichnet hat.[6] Um der Rechtssicherheit willen gilt im Strafrecht auch das Verbot, Strafrechtsnormen zu Lasten des Täters analog an-

---

6 *F. v. Liszt, E. Schmidt*, Lehrbuch des Deutschen Strafrechts, 26. Aufl. 1932, § 4 Anm. 16.

zuwenden; denn solche **Analogie** würde Bewertungen einschließen, die nicht genau genug vorhersehbar sind. Aus dem gleichen Grunde dürfen die Strafgesetze auch nicht als **Generalklauseln** gefaßt, sondern müssen so genau formuliert werden, daß annähernd sicher erkennbar ist, welches Verhalten unter welche Strafdrohung fällt (BVerfGE 71, 114 ff.; 85, 72 f.).

Auch das Gebot der **Gleichbehandlung** verlangt, daß die Voraussetzungen einer staatlich verhängten Strafe, die Strafart und der Strafrahmen durch ein allgemeines Gesetz bestimmt werden, damit die Strafe gegen alle, die das gleiche tun, in gleicher Weise verhängt wird. Daher dürfen Strafgesetze auch nicht für Einzelfälle erlassen werden (Art. 19 Abs. 1 Satz 1 GG).

Der Richter hat also **nicht aus subjektiver Autorität** das Verhalten anderer Menschen zu verwerfen, sondern lediglich die vom Gesetz generell schon vorgezeichnete Verurteilung für den einzelnen Fall zu vollziehen (vgl. BVerfGE 71, 114). Daß das Gesetz bereits über die grundsätzliche Strafwürdigkeit einer Tat entschieden hat, erleichtert dem gewissenhaften Richter die moralische Last seines Amtes. Den gewissenlosen kann es aber auch zu einem bedenkenlosen Vollzugsorgan machen, dem das **Strafen** –„Gesetz ist Gesetz" – zur **Routine** wird, wovon insbesondere manches Unrechtsregime Zeugnis geben kann.

# Sachregister

(Die Zahlen verweisen auf die Kapitel)

Adäquate Ursachen    7a
Akkusationsprozeß    12b
Allgemeine Geschäftsbedingungen
    6b
Analogie    6c
Anarchie    2b, 4a, d
Anklagemonopol    2b
Anthropologien    4d
Arbeitsteilung    2a, 9a, c
Arbeitsverhältnisse
    s. faktische Arbeitsverhältnisse,
    Investivlohn, Kapital und Arbeit,
    Mehrwert, Mitbestimmung
    im Betrieb, Tarifverträge
Arglistige Täuschung    6a
Armenrecht    12c
Ausgleichende Gerechtigkeit    4b, 7
Austeilende Gerechtigkeit    4b, 8b,
    10b
Autonomie, Privatautonomie    2a, 3b,
    5b, d, 6a, b, 9e, 12b
Autorität    11a

Betriebsverfassung    11c
Bodenwertzuwachs    7d
Bundesstaat    9c

Clausula rebus sic stantibus    6a
Culpa in contrahendo    6c

Datenschutz    10b
Dekonzentration    9d
Deliktsfähigkeit s. Schuldfähigkeit,
    Verantwortungsfähigkeit
Demokratie    4c, d, 10b, 11a, b
Determinismus    1c, 13a
Devolutiveffekt    2a
Dezentralisation    9d
Dispositionsmaxime    12b
Dispositives Recht    6b

Drohung    6a
Durchsetzungschance    2b

Effizienz    2;
    s. auch Rechtsgewährleistung
Ehe    4b, 6b, c
Eigentum    1c, 7c, 8
Einheit des Rechts    2, a, 9b
Enteignungen    7c, 8d
Enteignungsgleiche Eingriffe    7c
Ermächtigungen    1c, 2a
Ermessen    2a, 10a
Ethisches Minimum    1d
Europäische Union    2e

Fahrlässigkeit    7b
Faktische Arbeitsverhältnisse    6c
Faktische Vertragsverhältnisse    6c
Fiktionstheorie    10b
Föderativer Staatsaufbau    9c, d
Formalismus    4a, 10a
Freiheit    4c, 8b, c, 10b;
    s. auch Autonomie, Persönlich-
    keitsentfaltung
Funktionsgebundenheit der Rechts-
    begriffe    7a, b

Garantiertes Recht    1d;
    s. auch Rechtsgewährleistung
Gefährdungshaftung    7b, c
Gemeinsamer Markt    2e
Gemeinschaft    1b
Gemeinschaftsgebundenheit
    des Menschen    1
Generalprävention    2b, 13a
Genugtuung    2b, 13a;
    s. auch Schadensersatz
Gerechtigkeit    4
Gerichtliche Überprüfung staatlicher
    Akte    10a, b

Gerichtsverfahren 12
Geschäftsfähigkeit 5b
Gesetzgebung 2a, 9b
Gesetzliche Vertreter 5b, c
Gewaltenteilung 2a, 4d, 9a–c, 10a
Gewohnheitsrecht 2c
Gleichbehandlung 4b, 6c, 7c, 10, 12b, 13b
Gleichgewicht der Kräfte
  s. Machtverteilung
Grundrechte 2e, 10b
Gute Sitten 6b

Handlungsfähigkeit, rechtliche 5b
Haushaltsplan 9b
Herrschaftsvertrag 10b

Immutabilitätsprinzip 12b
Inquisitionsprozeß 12b
Interaktionensystem 1b, c, 2
Interdependenz 2d, e
Interessenregelung 3, 4c
Interessentengruppen 3a, b;
  s. auch Macht sozialer Gruppen
Internationale Organisationen 2d
Investivlohn 8c
Irrtum 6a

Juristische Personen 5d

Kapital und Arbeit 7d, 8b, c, 11c
Kausalität 7a
Klageerzwingungsverfahren 2b
Knebelungsverträge 6b
Kommunismus 8b
Kompetenzen 1c
– ordnung 2a, 9b, c
Konkretisierung des Rechts 1c
Konsens 4a
Kontinuität 4a;
  s. auch Rückwirkung
Koordination des Verhaltens 1b, c
Kybernetik
  s. Sozialkybernetik

Lastenausgleich 7c
Law in action 1c
Legalitätsprinzip 2b, 12b
Legitimation s. Rechtfertigung
Leitbilder 1b, 4c, d
Liberalismus 4c, 9e, 10

Macht
– begrenzung s. Gewaltenteilung, Grundrechte, Rechtsstaatlichkeit
– zur Rechtsdurchsetzung 2b
– sozialer Gruppen 3, 8c, 11c
– strukturen in Staat und Gesellschaft 9a, 11a, b
– trieb 4d
– verteilung 9a–c
Massenpsychologie 4d
Maßfragen 4c
Mehrheitsprinzip 4a
Mehrwert 7d
Menschenbild 4d
Menschenwürde 4a, d, 10b
Minderjährige 5b
Mitbestimmung 11a, b
– im Betrieb 11c

Naturrecht 4d
Normenkontrolle 2b, 10a
Notstand, defensiver 2b, 7b
Notwehr 2b, 4b, 7b
Nulla poena sine lege 10a, 13b

Öffentliche Meinung 11b
Öffentlichkeit staatlichen Handelns 11b, 12d
Oligarchien 9a, 11b;
  s. auch Machtstrukturen
Organisation s. Regelungssystem
„Organisatorische Gerechtigkeit" 4b
Organisierte Rechtsgemeinschaft 2
Organismustheorien 1b, 5d
Orientierungsgewißheit 1b, 4a;
  s. auch Rechtssicherheit, Vertrauensschutz

Persönlichkeitsentfaltung 1a, 4c, d, 8b, 10b
Person 5
Personalitätsprinzip 5
Polizeipflichtigkeit 8a
Postulationsfähigkeit 5b
Privatautonomie
  s. Autonomie
Prozeßfähigkeit 5b
Prozeßherrschaft 12b

Quasikontrakte 6c

Rangordnung der Normen 2a
Rationalismus 4d
Reale Verbandspersonen 5d
Recht
–, objektives 1c
–, subjektives 2b
Rechtfertigung 4, 12a, 13a
Rechtliches Gehör 12c
Rechtsanwälte 5b, 12c
Rechtsfähigkeit 5a
Rechtsgewährleistung 1d, 2b, 13a
Rechtsgewährleistungspflicht 2b
Rechtsmittel 2a, b
Rechtsprechung 2a, 9b, 12
Rechtssicherheit 4a, 10a, 13b;
  s. auch Orientierungsgewißheit, Vertrauensschutz
Rechtsstaatlichkeit 2e, 10a
Rechtsverordnungen 2a, 9b
Rechtsverweigerungsverbot 2b
Rechtswidrigkeit 7b
Regelungssystem 1c, 2a, b, 3a, 9
Regierung 9b
Repräsentative Demokratie 4c, d, 11b
Richterliche Unabhängigkeit 12b
Risikoübernahme 7a, c
Rückwirkung von Gesetzen 10a, 13b

Sanktionen 2b
Satzungen 2a
Schadensersatz 7a–c

Schuld 13a;
  s. auch Schuldfähigkeit, Verantwortungsfähigkeit
Schuldfähigkeit 5b
Selbsthilfe 2b
Selbstverwaltung 2a, 9d;
  s. auch Autonomie
Sitte 1d
Sittenwidrigkeit s. gute Sitten
Sozialbindung des Eigentums 3a, 8d, 10b
Sozialismus 4c
Sozialkybernetik 1c, 2, 3a, 5a;
  s. auch Regelungssystem
Sozialmoral 1d, 6b
Sozialstaatlichkeit 2e, 4c, 10b;
  s. auch Gemeinschaftsgebundenheit, Vermögensregelung
Spezialprävention 2b, 13a
Spielregeln 4a, 10a, 12
Staatsanwaltschaft 2b, 12b
Staatsoberhaupt 9b
Staatszwecke 4c, d, 9b
Stellvertretung 5c
Strafaussetzung zur Bewährung 13a
Strafe 4b, 13
Strafmündigkeit 5b
Stufenbau der Normenordnung 2a
Subjektivismus, ethischer 4a
Subsidiaritätsprinzip 2a, e, 4d, 9d
Supranationale Organisationen 2d, e

Tarifverträge 3b
Territorialitätsprinzip 5
Theorie und Praxis 1c
Totalitärer Staat 9e
Treu und Glauben 6a, b

Übermaßverbot 4b, 6b, 8d, 10, 13a
Unerlaubte Handlungen 7b
Ungerechtfertigte Bereicherung 7d
Unparteilichkeit des Richters 12b
Unterlassen, rechtswidriges 1d, 7a
Untersuchungsgrundsatz 12b

Verantwortungsfähigkeit 5b, 7b
Verbände s. Interessentengruppen
Vereinte Nationen 2c, d
„Verfahrensgerechtigkeit" 4b, 12
Verfahrensregeln 10a, 12
„Verfassungsgerechtigkeit" 4b
Verfassungsmäßigkeit staatlicher Akte
   2a, 10a
Vergeltung 13a
Verhältnismäßigkeit 6b, 8d, 10a, b,
   13a
Verhaltensforschung 4d
Verhandlungsmaxime 12b
Verkehrsgerechtigkeit 4b
Vermögensregelung 8c
Vertrag 3b, 6
Vertragsfreiheit 6a, b
Vertrauensschaden 6a
Vertrauensschutz 6a
Vertreter s. gesetzliche Vertreter,
   Stellvertretung
Verursachung 7a
Verwaltung 2a, 9b

Verwaltungsvorschriften 2a
Völkergemeinschaft 2c, d, 9a
Völkerrecht 2c, 7c
Vorbehalt des Gesetzes 2a, 10a
Vormund 5c
Vorrang des Gesetzes 2a, 10a
Vorsatz 7b

Wahlen 11b
Weisungen 2a
Weltstaat 2c
Wesensgehaltsgarantie 6b, 10b
Wirksamkeit 1c, d;
   s. auch Rechtsgewährleistung
Wucher 6b

Zentralisation 2a, 9d;
   s. auch Einheit des Rechts
Zielvorstellungen 4c, 9b
Zurechnungsfähigkeit 5b
Zurechnungstheorie 5d
Zwang 2b
Zwingendes Recht 6b